노라노

■ 이 도서의 국립중앙도서관 출판시도서목록(CIP)은
서지정보유통지원시스템 홈페이지(http://seoji.nl.go.kr)와
국가자료공동목록시스템(http://www.nl.go.kr/kolisnet)에서 이용하실 수 있습니다.
(CIP제어번호: CIP 2017026853)

노라노

우리 패션사의 시작

최효안

마음산책

노라노

1판 1쇄 인쇄 2017년 10월 25일
1판 1쇄 발행 2017년 10월 30일

지은이 | 최효안
펴낸이 | 정은숙
펴낸곳 | 마음산책

편집 | 이승학 · 최해경 · 류기일   디자인 | 이혜진 · 이수연
마케팅 | 권혁준 · 김종민   경영지원 | 박지혜

등록 | 2000년 7월 28일(제13-653호)
주소 | (우 04043) 서울시 마포구 잔다리로 3안길 20
전화 | 대표 362-1452 편집 362-1451   팩스 | 362-1455
홈페이지 | http://www.maumsan.com
블로그 | maumsanchaek.blog.me
트위터 | http://twitter.com/maumsanchaek
페이스북 | http://www.facebook.com/maumsanchaek
전자우편 | maum@maumsan.com

ISBN 978-89-6090-339-5 03300

제가 열심히 살 수 있었던
원동력 가운데 하나가 '분노'라고 생각해요.
제 분노는 이혼하면서 생겨났죠.
'분노' '결핍' 이런 것들이 있어야
뭔가 이루어내는 것 같아요.

지극히 일부만
알려진 생애

패션에 문외한인 사람도 샤넬, 디오르, 입생 로랑 등의 디자이너의 이름 정도는 안다. 그러나 바로 이들과 동시대에 활약했던, 그리고 여전히 활동하고 있는 한국 최초의 패션 디자이너 '노라노'를 아는 사람은 많지 않다.

내가 노라노를 처음 만난 건 그녀의 나이가 딱 여든이던 2007년 5월 어느 봄날이었다. 서울 청담동 매장 '노라노의 집'으로 인터뷰를 하러 가며 걱정한 것은 단 하나였다. 여든에 이른 어르신을 길게 인터뷰해본 적이 없었던 나로선 과연 말씀을 명료하게 하실 만큼 건강하신지 자못 염려되었다. 그러나 그녀의 작업실에 들어선 순간 내 생각이 기우였음을 깨달았다. 꼿꼿하게 허리를 편 채 또각또각 하이힐을 신고 등장한 노라노는 단언컨대 신체적으로나 정신적으로나 '노인'이 아니었다. 20대가 부럽지 않은 날씬한 몸매, 아찔하게 하늘로 치솟은 속눈썹을 붙인 완벽한 메이크업, 머리부터 구두까지 블랙으로 통일한 멋진 패션, 그리고 귀에 쏙 들어오는 카랑카랑한 목소리까지. 여든이라는 나이가 물리적인 숫자에 불과한, 아름답고 매력적인 여성이 내 앞에 등장한 것이다.

더욱 놀라운 것은 그 후 10년이 지나 다시 만난 아흔의 노라노다. 여든 때보다 분명 기력은 좀 더 약해졌다. 그러나 삶을 바라보는 긍정적인 시각과 특유의 타고난 위트, 유머 감각은 더욱 깊어졌다. 무엇보다 가장 아름답고 매력적인 모습으로 자신을 꾸미는 모습이 여전했다.

국내 최초 패션쇼 개최(1956년)

국내 최초 기성복 도입(1966년)

육영수, 이희호 등 역대 퍼스트레이디 의상 제작

국내 최초 전속 영화 의상 디자이너

1960년대 미니스커트, 판탈롱 등 유행 선도

윤복희, 엄앵란 등 국내 최초 연예인 스타일리스트

연간 1000만 달러 이상 대미對美 수출 실적을 올린 유일한 디자이너

아흔의 현역 최장수 디자이너(2017년 기준)

이 모든 일을 한 사람이 했다는 것은 믿기 힘든 사실이다. 나역시 노라노를 취재하기 전엔 위에 열거한 내용에 어느 정도 과장이 있으리라 생각했다. 그러나 10년간 노라노를 만나고 취재하고 그녀가 이룬 성취들을 일일이 확인하면서, 과장됐다 생각했

던 그녀의 생애가 사실 지극히 일부만 세상에 알려진 것이었음을 깨달았다.

그녀의 인생을 저널리스트 관점에서 정리하고 싶다고 결심한 것은, 그녀가 한 사람이 이뤘다고는 믿기 힘든 일들을 해낸, 한국 근현대사를 통틀어 전무후무한 여성이기 때문이다. 1928년 한국이 다시 독립국가가 될 것이란 기대를 가지기 어렵던 엄혹한 일제강점기에 태어나 1947년, 여성으로선 한국에서 두 번째로 비행기에 몸을 싣고 미국 유학을 간 노라노. 노라노의 모든 행보는 바로 한국 패션의 역사가 된다. 개인의 이력이 국가의 '패션사' 자체가 되는 사례는 세계 어디에서도 유례를 찾기 힘들 것이다.

2017년 노라노는 아흔이 됐다. 지금도 노라노는 매일 아침 어김없이 출근해서 하루 일곱 시간씩 옷을 만든다. 노라노의 90년 삶은 그 자체가 한국 근현대사인 동시에, 인간이 삶에 대해 어떤 태도를 지녀야 하는가라는 근원적 질문에 대한 살아 있는 대답이다. 한국 패션의 첫 장을 열고 여전히 역사를 쓰고 있는 노라노. 그러나 그녀에게 "당신은 뛰어난 예술가다"라고 말하면 정작 그녀는 코웃음을 친다. 자신은 그저 "해야 할 일을 하면서 단순하게 산 사람이다"라고 스스로를 평하는 노라노. 그녀는 과연 어떤 사람일까?

이 글의 주역인 노라노 선생님, 그리고 그녀의 뒤를 이어 노라노 브랜드를 이끄는 조카며느리 정금라 실장님, 그리고 노라노 패션의 대표이자 노라노 선생님의 친동생인 노현자 선생님께 무한한 감사를 전한다. 그리고 나의 아버지와 어머니, 최건희, 최지안, 석민, 염정인 등 가장 아끼는 이들에게 사랑을 전한다.

2017년 가을

최효안

노라노

차례

■ 일러두기

1. 영화명, 잡지와 신문 등의 매체명, 곡명은 〈 〉, 책 제목은 『 』, 단편소설 제목, 기타 편명은 「 」로 묶었다.
2. 외국 인명, 지명, 작품명의 표기는 외래어 표기법을 따르되 매체에서 통용되는 관용적 표기를 따른 경우도 있다.

야망을 먼저 생각하는 순간
일을 그르치게 된다고 생각해요.
순수한 마음으로 임하는 것,
그게 제 삶의 모토죠.

2017년 3월 어느 멋진 날……
한국 패션 디자이너 1호의 아흔 번째 생일

전설적인 디자이너 코코 샤넬은 88세로 영면했어요. 전 2017년 올해 한국 나이로 아흔이니 그녀보다 더 오래 살았죠. 제가 샤넬을 능가할 수 있는 것이 하나 있는데 그건 그녀보다 더 오래 일한 현역 디자이너라는 점이죠. 70년 동안 옷 만드는 일을 멈추지 않았다는 사실이 자랑스러워요.

그 어느 해보다 길던 겨울이 가고 살랑거리는 바람이 유난히 반가웠던 2017년 봄날, 노라노는 아흔 번째 생일을 맞았다. 3월 21일 생일날이면 노라노는 언제나 가족들에게 따뜻한 축하를 받는다. 9남매의 실질적 가장이었던 그녀. 워낙 식구가 많다 보니 어릴 적부터 대표로 자신의 생일만을 챙기는 것이 가족의 전통이 됐다.

아침부터 외국에 살고 있는 형제, 자매와 조카 들의 생일 축하 전화가 온다. 점심에는 10여 명이 넘는 노라노의 지인들이 한 자리에 모였다. 전직 신문기자, 교수, 주부, 음악가 등 직업도 나이도 다양하지만 이들에겐 한 가지 공통점이 있다. 모두 노라노의 옷을 수십 년간 입어온 고객이라는 사실. 인연의 시작은 옷이었지만 이젠 옷보다 인간 노라노를 더 좋아하게 된 사람들이다. 이런 지인들과 함께 생일날을 보내온 것이 수십 년. 미리 연락을 하지 않아도 노라노의 생일날 그녀의 청담동 자택에 모이는 것이 너무나 당연한 연중행사가 됐다.

생일상은 노라노의 집안일을 벌써 20여 년간 맡아주고 있는 가사 도우미가 정성껏 마련했다. 빈대떡, 국수 등 노라노가 좋아하는 음식을 정갈하게 차려낸 생일상은 보기만 해도 침이 고인다. 맛있는 음식을 함께하며 마음 맞는 이들과의 대화를 나누는 시간은 더없이 충만한 시간이다. 밤을 새워도 부족한 추억과 깊어지는 정이 주는 그 기쁨 때문에 노라노는 자신의 생일을 기다린다. 함께한 시간이 수십 년이니 대화의 주제와 폭은 넓고도 깊다. 노라노가 주인공이자 가장 연장자지만 그녀가 항상 대화를 주도하는 것은 아니다. 오히려 주의 깊게 듣는 편에 가깝다. 지인들은 이런 면모가 그녀의 가장 큰 매력이라고 말한다. 나이가 아무리 어린 사람이라도 독립된 인격체로 대하며 수평적인 관계를 설정하는 노라노. 그녀의 화법은 권위적이거나 억압적이지 않다. 그러다 보니 처음에는 노라노의 높은 명성과 나이 차 때문에 어려워하던 이들도 시간이 지나면 그녀와의 대화를 즐긴다. 생일날 점심을 먹고 다과를 나누는 노라노 자택의 거실은 마치 여고 시절 점심시간의 교실 풍경 같다. 소파든 바닥이든 저마다 자신들이 편한 자리에 자리 잡아 이야기꽃을 피운다.

노라노의 아흔 번째 생일은 본인은 물론 패션사에 있어서도 의미 있는 날이었다. 중단 없이 무려 70년 동안 디자이너로 일한, 세계 최장수 현역 디자이너로 기록되는 해이기 때문이다. 88세를 일기로 영면할 때까지 일한 디자이너 코코 샤넬이 있지만, 그녀는 56세에 은퇴를 선언한 뒤 71세에 복귀해 15년간의 공백이 있다. 세계 패션계를 통틀어서 가장 오래 일한 디자이너는 한국의 노라노다.

여
성,
　
노
라
노

대한제국 황실 영어 선생, 외할아버지

어릴 적 가장 인상 깊은 기억이어서 자서전에서도 언급한 일화인데요, 저를 가장 잘 설명하는 에피소드이기도 해요. 80년 전, 새 옷이 갖고 싶었던 저는 언니의 새 옷을 가위로 잘라버리는 '만행'을 저지른 적이 있어요. 언제나 저에겐 새 옷을 사주지 않는 엄마가 미웠거든요. 가위로 자른 옷은 당시 최고급 백화점이던 조지아 백화점(미도파 백화점 전신. 현재 롯데백화점 영플라자)에서 산 정말 고급 옷이었는데 말이죠. 언니의 옷에 가위질을 하고 전 '벌' 대신 뜻밖에도 '선물'을 받았어요. 멋쟁이는 멋쟁이를 이해한 걸까요? 와인색 울 크레이프 소재의 원피스였는데, 지금도 패턴이 눈에 선할 만큼 아름다운 옷이었죠.

아름다운 옷을 갖고 싶다며 언니의 새 옷을 가위로 자른 소녀. 본명이 노명자인 그녀는 1928년 3월 21일 서울 종로에서 노창성, 이옥경 부부가 낳은 10남매 가운데 셋째로 출생한다. 원래는 이들 부부의 세 번째 아이였지만, 첫째인 맏아들이 일찍 사망하면서 노라노는 9남매 가운데 언니에 이어서 둘째가 된다. 연달아 아이들을 출산해 양육이 버거웠던 그녀의 부모는 외가의 도움을 받았고, 맏이와 둘째인 그녀는 부모와 떨어진 채 어린 시절 상당 기간을 외가에서 보냈다.

외조부모는 성장 과정에 절대적인 영향을 미쳤다. 엄청난 부를 남긴 외조부는 경제적인 면에서, 어린 그녀를 키운 외조모는 정신적인 면에서, 두 사람은 그녀에게 부모 이상의 존재였다. 일제강점기에 교육을 받아 일본어가 모국어만큼 익숙했던 그녀는 영어 또한 아주 친숙한 환경에서 자랐다. 그녀의 외할아버지가 영친왕의 영어 선생님인 이학인이었기 때문이다. 노라노가 지금도 외조부와 관련해 생생하게 기억하는 것 중 하나가 바로 전화다. 대한제국의 가정집 가운데 처음으로 전화를 설치한 곳이 아마도 자신의 집이었을 것이라고 외조모는 늘 얘기했다고 한다. 물론 전화가 개설된 최초의 집인지는 알 수 없다. 그러나 설치된 전화에 처음으로 걸려온 전화의 주인공이 바로 영친왕이었다는 얘기는 수차례 들으며 자랐다. 그만큼 영친왕이 외조부를 아끼고 각별하게 생각했다는 것이다.

어린 나이에 급제해 정3품 벼슬에 올랐던 이학인은 천주교에 입문해 영어를 접한 뒤, 당시 영어 국비장학생 선발을 통해 대한제국에서 최초로 영어를 배운 이들 중 한 명이다. 1910년 국권피탈 이후 만주로 간 이학인은 영국 세관에서 일하며 돈을 모았다. 외조모 강정애에 따르면 외조부는 신문물에 아주 해박한, 지금 표현으로 하면 '얼리어답터'였다고 한다. 늘 영어로 된 책이나 신문을 읽던 외조부는 전기에 대해 자주 이야기했다. '무언가를 탁 치면 확 하고 불이 들어오는 세상'이 곧 온다고 입버릇처럼 말했다는 것이다. 모두들 그런 말도 안 되는 일이 어디 있냐고 했지만, 그의 말은 결국 현실이 됐다. 대부분 한복을 입던 시기에 사

파리 정장을 입을 만큼 혁신적인 패션 센스에, 새로운 문물이 들어오는 경천동지할 세상을 믿어 의심치 않았던 외조부 이학인.

노라노의 장수 유전자는 외가로부터 물려받았다. 외조모가 83세, 외증조모가 92세에 작고한 외가는 굉장한 장수 집안이다. 특히 외조부는 노라노와 닮은 점이 가장 많다고 외조모는 입버릇처럼 이야기했다. 그녀가 지금도 가장 좋아하는 먹을거리 중 하나가 바로 치즈와 소시지인데, 바로 외조부의 애호식품이기도 했다. 무슨 행동을 하든지 외조부랑 꼭 닮았다는 말을 하도 많이 들은 노라노는 실제로 뵌 적 없는 외조부를 곁에서 보면서 자란 기분이라 한다. 유품으로 무려 일흔 벌이 넘는 멋진 양복을 남긴 외조부는 외손녀가 훗날 한국 최초의 패션 디자이너가 된 사실을 아주 자랑스러워했을 것이다. 지금도 노라노 집 거실에 크게 걸려 있는 외조부의 사진을 보면 지금으로부터 100년도 더 된 시기의 사람이라고 믿어지지 않을 만큼 놀라운 옷차림을 하고 있다. 흡사 영국 귀족들이 입었을 법한 멋진 양복에 지팡이 그리고 중절모까지 완벽한 신사의 복장을 하고 있다. 이런 외조부는 물론 외조모 그리고 어머니 역시 옷을 뛰어나게 잘 입는 사람이었다. 외조모는 저고리를 파격적으로 레이어드해서 입는가 하면 브로치도 제법 많았다. 어릴 때부터 그런 분들에 둘러싸여 있었으니 자신이 옷에 관심을 가진 것도 어쩌면 당연한 일이라고 노라노는 말한다. 옷을 잘 입고 멋을 부리는 일은 밥 먹는 것만큼이나 아주 일상적인 일이었던 셈이다.

먹고살기도 어려운 시절, 옷에 대한 열정을 품을 수 있는 배경에서 자란 것은 거의 기적 같은 일이라고 노라노는 생각한다. 자랄 땐 미처 몰랐지만 훗날 돌이켜보니 패션 디자이너가 될 수 있는 최고의 환경에서 성장했구나 싶다는 것이다.

국영 중앙방송국장과 최초의 여성 아나운서의 딸

저희 아버지는 요즘 식으로 표현하면 '아내 바보' '자식 바보'였어요. 특히 아내를 끔찍하게 아끼셨죠. 주말이면 아내를 위해 직접 요리를 하고, 아이들을 돌보는 굉장한 애처가셨어요. 반면 어머니는 엄격한 분이셨죠. 늘 저에게 "난 노라에게 보이지 않는 줄을 매달아두었단다. 다만 그 줄이 느슨해서 노라가 인식하지 못할 뿐"이라고 말씀하셨죠. 제가 어디로 튈지 모르게 발랄한 아이라서, 늘 주의 깊게 신경을 쓰신다는 얘기였죠. 로맨티스트 아버지에겐 '풍부한 감수성'을, 원칙주의자 어머니에게 '자기 절제'를 배웠어요.

노라노가 한국 패션 분야에서 '최초'의 행적을 남긴 인물이라면 그녀의 부모는 한국 방송의 시작을 연 인물들이다. 한 가족이 패션과 방송이라는 중요한 분야의 첫 장을 연 주인공들이란 사실이 흥미롭다.

노라노 부친은 일제강점기 경성방송국 한국어방송부장을 지

위   전쟁이 한창이던 1952년 노창성(앞줄 왼쪽에서 세 번째)은 국영 서울중앙방송국 국장
       이었다. 방송국 직원들과 함께 찍은 기념사진.

아래   1951년 2월 15일 장면 총리 일행이 대한민국 해상이동방송선을 방문했다. 왼쪽에서 네
       번째가 장면 총리. 맨 왼쪽이 노창성.

낸 노창성이다. 노라노가 태어나기 한 해 전인 1927년 서울 정동에서 개국한 경성방송국은 한국 최초의 방송국이었다. 이 방송국은 1945년 해방 이후엔 미군에 의해 접수되어 미군정청 공보부 방송국으로 바뀌었고, 1947년에는 국영 서울중앙방송국으로 재출범한다. 1896년 평안북도에서 태어난 그는 만주에서 소학교를 다니다 일본으로 유학, 도쿄 구라마에 고등공업학교를 졸업한 후 귀국해 체신국 엔지니어로 입사한다. 체신국 근무 당시인 1927년, 경성방송국 개국에 참여하면서 국내 최초 방송국의 창설 멤버로 이름을 올리게 된다. 1943년 경성방송국 사업부장으로 재직 중 '단파방송 밀청 사건'(경성방송국 직원들이 청취 금지였던 미군과 임시정부의 단파방송을 듣고 일본의 불리한 정황을 전파하다가 체포당한 사건으로, 방송국 내 일제에 대한 저항 정신이 살아 있었음을 보여주는 상징적 사건이다)의 책임을 지고 방송국을 떠난다. 광복 후인 1949년 현재 KBS의 전신인 국영 서울중앙방송국 국장에 취임하면서 우리나라 방송의 기틀을 다진다.

아마 우리 어머니는 일제강점기 당시 서울에서 서양식 의복을 처음으로 입은 분 가운데 한 사람이었을 거예요. 당시 서울 종로에 있던 수송소학교 인근에는 프랑스 사람이 운영하던 서양식 의상실이 있었는데, 어머니는 거기서 옷을 맞춰입는 멋쟁이였죠. 어머니가 거리에 나서면 모든 이들이 쳐다볼 정도였어요. 얼굴도 미인인데, 서양식 의복으로 쫙 빼입고 다녔으니 등장만 하면 다들 구경할 정도였죠.

위   이옥경이 결혼 전 친구와 함께 사진관에서 한껏 차려입고 촬영한 사진. 패션에 대한 열
     정을 엿볼 수 있다.

아래 연미복을 입은 아버지 노창성과 리본이 달린 원피스를 입은 어머니 이옥경. 동그란 얼굴
     로 깜찍한 표정을 짓고 있는 아이는 노라노의 언니.

모친 이옥경. 세련된 모자와 코트에서 그녀가 얼마나 멋쟁이였는지를 짐작할 수 있다.

노라노의 어머니 이옥경은 한국 최초의 아나운서로 방송의 시작을 연 인물이다. 1901년 서울에서 출생한 이옥경은 1910년 국권피탈 때 만주로 아버지를 따라가 만주에서 성장한다. 소문난 멋쟁이였던 아버지 이학인은 무남독녀인 딸에게 남자 옷도 입히면서 공부를 비롯, 무엇이든 부족함 없이 키웠다. 만주에서 소학교를 졸업한 그녀는 아버지의 권유에 따라 일본의 중학교로 진학한다. 만주에서는 여성이 진학할 상급 학교가 없기 때문이었다. 부친은 여자라고 공부를 그만둘 이유는 없으며, 공부를 할 곳이 없다면 나라를 빼앗은 적국에서라도 해야 한다고 딸을 독려했다.

하지만 일본 유학 중 아버지가 작고하면서 이옥경은 귀국하게 된다. 무남독녀 외딸이던 그녀는 홀로된 어머니를 위해 학업을 접고 들어왔지만 배움에 대한 열정은 포기하지 않았다. 당시 대부분의 학교에선 식민지 조선의 여성에게 배움의 문호를 개방하지 않는 상황. 그녀는 한 달간 일본인 여학교인 인천고녀(현 인천여고) 문 앞에서 입학을 청원해 결국 공부를 허락받을 수 있었다.

같은 일본 유학파 출신으로 만주 소학교 동문인 노창성과 결혼한 이옥경은 1926년 7월 국내 최초의 아나운서가 된다. 당시 정식 개국을 준비하던 경성방송국은 일본어-한국어 방송이 동시에 편성됐기 때문에 일본어를 유창하게 구사하는 아나운서가 필요했다. 조선총독부는 일본 유학파 출신으로 미모는 물론 목소리도 아름다운 이옥경을 지명한다. 1927년 2월 16일 일본인 남자 아나운서와 한국인 최초의 아나운서인 이옥경이 번갈아

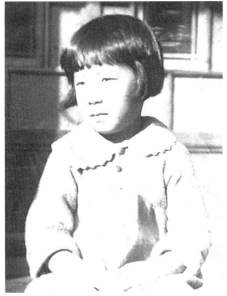

위   가족사진. 아버지 옆이 노라노.
아래   계동 자택 마당에 앉아 있는 어린 노라노. 입을 앙다문 채 물끄러미 어딘가를 바라보고
       있는 모습이 사뭇 진지하다.

사회를 보면서 국내 최초의 방송이 역사적인 막을 올린다.

한국 최초의 아나운서 이옥경은 아나운서 생활을 그리 오래하진 않는다. 1926년에 아나운서를 시작해 2년 뒤인 1928년 딸 노라노를 출산한 뒤에도 활발하게 방송 활동을 했던 그녀는 1930년 방송국을 퇴직한다. 초기 여성 아나운서를 연구한 논문(「초기 여성 아나운서의 직업 성격과 직업 정체성의 형성」, 김보형·백미숙, 2009)에 따르면, '이옥경의 퇴직은 경성방송국의 재정적 어려움이 가속화되면서 일본 중계방송을 시행하자 (아나운서의 역할이 필요 없어지면서) 빚어진 결과'라고 분석하고 있다. 그러나 노라노는 물론 그런 방송국 사정도 있었겠지만, 당시 9남매에 이르는 아이들을 양육하기 위해 어머니가 자발적으로 한 선택이었다고 생각한다. 이처럼 '방송'이라는 당시로서는 전대미문의 새로운 분야에 종사한 양친을 둔 노라노. 훗날 '패션'이라는 역시 1940년대 이 땅에선 듣도 보도 못한 분야에 그녀가 진출한 것은 부모님과 무관치 않아 보인다. 노라노 부친 노창성은 혈혈단신으로 일본 유학을 가서 '방송'이라는 신문물을 접한 다음, 그걸 이 땅에 현실화한 인물이다. 낯설고 새로운 분야에 두려움이 없는 노라노의 성격은 그녀의 유전자에 날 때부터 이식된 것이란 생각이 그녀에 대해 취재를 하면 할수록 굳어졌다.

예술가 최승희의 조력자

어린 시절 제가 본 최승희 공연은 그녀의 대표작 가운데 하나인 〈보살춤〉이었죠. 가슴과 주요 부위만 겨우 가린 의상은 입을 다물지 못할 정도로 충격적이고 뇌쇄적이었죠. 파격적인 의상을 입고 이국 음악 속에서 추는 전위적인 춤은 정말 뭐라 형용하기 힘들 만큼 혁신적인 동시에 아름다웠어요. 진짜배기 예술을 목도한 거죠. 대담하고 천재적인 춤을 추는 최승희의 모습은 80년이 지난 지금도 잊히지 않아요.

노라노가 어린 시절, 삶에 가장 큰 영향을 미친 문화적 경험으로 꼽는 것이 있다. 바로 전설적인 무용가 최승희의 공연이다. 최승희 집안은 노라노 가족과 인연이 매우 깊다. 최승희의 친오빠인 최승일은 우리나라 최초의 PD로, 경성방송국에서 노라노의 부친인 노창성과는 매우 친한 직장 동료였다. 일본 니혼대학 미학과 출신으로 대학 재학 시절 극작 서클을 주도했고, 나중에 최승희 남편이 되는 안막과 함께 프롤레타리아문학 활동을 전개할 정도로 문학과 예술에 대한 열정이 뜨거웠던 최승일. 그는 동생의 천재적인 자질을 일찌감치 감지했고, 그래서 당시 일본 최고의 현대무용가인 이시이 바쿠石井漠의 문하생으로 동생 최승희를 유학 보내 동생을 당대 정상급 무용가로 입문케 한 사람이다. 그러나 동생을 일본에 유학 보내기까지 최승일은 고민이 많았다. 무용을 한다고 하면 기생이 되는 것 아니냐는 소리를 들을 만큼 무용을 예술로 보는 시각도 전무했던 시절인 데다, 여성의 유학이 극히 희귀했던 일제강점기였던 만큼 주변에선 오빠가 동생을 일본에 기생으로 팔아넘기는 것 아니냐는 얘기까지 들어야 했던 것이다. 이때 최승일과 절친했던 노창성은 뛰어난 재능을 가진 동생이니 일본에 유학 보낼 것을 강력하게 권한다. 노창성의 조언에 힘입어 최승일은 동생 최승희를 일본으로 보낸다. 노라노 가족과 최승희 집안의 인연은 노창성과 최승일 사이에서 끝이 아니다. 한국 여성 아나운서 1호인 노창성 아내이자 노라노 모친인 이옥경에 이어 여성 아나운서 2호가 바로 최승일의 아내인 마현경인 것. 이옥경이 1926년 경성방송국 실험 방송부터 아나운서로 합류해 일하던 중, 경성방송국 개국 직전인 1927년 1월에 마현경이 입사한다. 이후 두 사람은 1930년 같이 방송국을 퇴사할 때까지, 최초의 여성 아나운서 1, 2호로서 활발하게 활동했다. 최승일·마현경 부부와 각별히 절친했던 노창성·이옥경 부부는 최승희 무용 공연도 자주 관람했고, 최승희를 뛰어난 예술가로 생각했기에 자녀들에게도 공연을 보여줬다.

노라노는 덕수소학교에 다니던 시절, 일본에서 활동하다 금의 환향한 최승희의 공연을 관람한다. 온 가족과 함께 서울 태평로에 위치한 부민관에서 본 이날의 무대는 어린 노라노에게 매우 깊은 영향을 주었다. 최승희가 구슬로 주요 부위만 가린 채 춤추는 모습은 말할 수 없이 뇌쇄적이면서 몽환적이었다. 당시로선 상상할 수 없었던 춤을 보여준 이날 공연은 어린 노라노의 감정과 의식을 뒤흔들어놓기에 충분했다. 나체에 가까운 의상과 종전에 한 번도 보지 못한 안무는 '파격' 그 자체였다. "너무 외설적이다" "예술로 봐야 한다" 등 당시 최승희 춤을 놓고는 의견이 분분했다. 그러나 어린 노라노는 어른들의 평가와는 상관없이 그녀의 춤에 순수하게 매료됐다. 희로애락을 춤으로 표현하는 일이 너무나 자연스럽고 아름답게 느껴졌기 때문이다. 훗날 경기여고 시절 노라노는 왈츠 등 각종 서양 춤을 독학하며 전문 댄서 못지않게 춤을 잘 추는 사람으로 이름을 날린다. 지금도 최승희가 춤추던 모습이 눈앞에 선명하게 떠오른다는 그녀. 인생을 통틀어 가장 자신의 뇌리를 통째로 흔든 문화적 경험이 이날 공연이라고 말할 정도다.

도서관과 영화관에 살던 소녀

어릴 때부터 제가 옷만큼 좋아한 것이 바로 책이었죠. 책을 통해 아주 기본적인 사회와 예술, 철학에 관한 지식들을 습득할 수 있었어요. 지금도 전 기본적인 교양서를 10대 시절에 폭넓게 읽는 것이 매우 중요하다고 생각해요.

패션을 제외하고 노라노가 가장 좋아하는 것은 바로 책이다. 아흔인 지금도 그녀가 이루고 싶은 꿈 가운데 하나는 소설을 쓰는 일이다. 청담동 자택 그녀의 방에는 한 면 전체가 책으로 꽉 들어차 있는데 책의 상당수는 문학 서적이다. 그녀의 지독한 책 사랑의 시작은 고등학교 시절부터 본격적으로 시작됐다.

이른바 '고전'이라 불리는 책들을 10대 시절에 섭렵한 노라노. 그래서 그녀는 비록 일제강점기 시절에 청소년기를 보냈지만, 자신이 보낸 학창 시절에 대한 자부심이 매우 크다. 노라노는 셰익스피어, 도스토옙스키, 톨스토이, 입센의 작품들을 닥치는 대로 읽었다. 일본의 운문문학인 하이쿠도 좋아했다. 이른바 고전이라 불리는 작품들을 읽는 것에 푹 빠졌다. 책은 습관이라는 말에 노라노는 깊이 공감한다. 10대 때 형성한 습관이 평생 지속됐기 때문이다. 노라노는 책을 통해 인간과 세상을 배우고 이해했다. 훗날 자신의 이름을 입센의 희곡『인형의 집』주인공에게서 따올 만큼 그녀는 소설 속의 등장인물들, 그리고 소설의 주제 의식을 통해 세상을 살아가는 이치를 나름대로 터득했다.

책이 청소년기 노라노의 정신세계를 장악했다면 춤은 신체를 지배했다. 노라노는 왈츠부터 시작해서 모든 사교댄스를 섭렵했다. 누가 따로 가르쳐준 것도 아니었다. 교습서나 할리우드 영화에서 배우들이 추는 것만 봐도 따라 할 정도로 춤에는 소질과 일가견이 있었다. 일제강점기 최고의 여성 교육기관이었던 경기여고는 당시로선 진취적인 여성 교육을 표방했다. 그럼에도 '사교춤을 멋지게 추는 여고생'은 매우 희귀한 존재였음은 두말할 나위가 없다. 용감한 노라노는 여성이 춤을 추는 것을 색안경을 끼고 보는 시선에 개의치 않았다. 이미 최승희의 파격적인 춤을 통해 인간의 자연스러운 감정을 춤으로 표현하는 것이 얼마나 아름다운 행위인가를 깨달은 노라노에게 춤은 포기할 수 없는 취미였다. 학교에서 배우는 포크댄스 정도의 수준이 아닌 각종 사교댄스를 모두 섭렵한 노라노는 춤을 배우길 원하는 친구들이 있으면 흔쾌히 가르쳐주었다. 고교 시절 독학으로 익힌 춤 솜씨는 가까운 미래에 결정적인 역할을 한다. 졸업 후 미국인 은행장 비서로 들어가서 자신이 직접 만든 멋진 드레스를 입고 뛰어난 춤 솜씨를 파티에서 선보인 것이 미국 유학을 가는 데 결정적으로 작용하기 때문이다.

독서와 춤에 이어 영화도 고교 시절 노라노의 감성을 키우는 데 지대하게 작용했다. 특히 노라노는 할리우드 스타들이 화려한 의상을 입고 나오는 미국 영화와 낭만과 우수가 넘쳤던 유럽 영화, 그중에서도 독일 영화를 좋아했다. 그러나 이런 영화를 보기 위해선 당시 고교생 출입이 금지된 영화관을 가야 했다. 여기서 그녀의 대담함이 드러난다. 언니나 엄마의 옷을 입고 하이힐까지 몰래 신은 채 마치 다 큰 숙녀처럼 당당하게 영화관에 갔다. 엄혹했던 일제강점기 1940년대에 식민지의 여자 고교생이 출입이 전면 금지된 영화관을 제집 드나들듯 했다는 에피소드는 노라노를 이해하는 데 아주 중요한 단서일지 모른다. 자신이 원하는 일이고 그것이 남에게 민폐를 끼치지도 않는다는 판단이 들면 행동에 주저하지 않는 것. 이런 성격은 훗날 노라노의 미래를 결정지었다.

정신대 징집을 피해 선택한 결혼

해방 직전인 1944년, 비록 나라는 빼앗긴 상황이었지만 17세 소녀 노라노의 마음만큼은 멋진 꿈으로 충만했다. 풍족한 집안에서 부모님의 사랑을 듬뿍 받고 있던 그녀는 일본 유학 준비로 바쁜 나날을 보내고 있었다. 미래는 장밋빛만 가득하리란 믿음은 그러나 경기여고 졸업을 몇 달 앞두고 산산이 부서졌다. 식민지였던 조선인의 일본 유학이 전면 금지된 것이었다. 꼭 일본의 명문 대학에 진학해 조국에 보탬이 되는 인재가 되겠다는 굳은 결심을 했던 그녀에겐 청천벽력과 같은 상황이었다.

문제는 일본 유학 금지만이 아니었다. 전쟁이 거듭되며 여성의 경우는 정신대로 끌려갈 위험에 처하게 된 것이었다. 당시 정신대로 끌려가지 않는 유일한 방법은 결혼뿐이었다. 시집을 가게 되면 일단 정신대 징집에서 제외됐다. 열일곱 살의 노라노에게 결혼 외에는 선택의 여지가 없었다. 명문 여고 출신에다 부유한 외가, 그리고 일본 유학파 출신의 엘리트 부모를 둔 그녀에게 명문가에서 앞다투어 혼담이 들어왔다.

그중 신랑감으로 24세의 일본군 장교가 낙점됐다. 신랑감 신응균은 1940년 일본 육군사관학교를 졸업한 일본군 포병 대위로서 당시 포술훈련소 교관으로 일본에서 근무하고 있었다. 그는 후일 한국군 육군 준장에까지 오르고 국방부 차관, 터키 대사 등을 지낸다. 신랑감의 아버지인 신태영은 일본 육사 25기 출

혼담이 오가던 열일곱 살 무렵의 노라노.
유학의 꿈이 좌절되고 정신대 징집을 피해 결혼을 해야 하던 시기.

신으로, 일제강점기 당시 일본군 육군중좌로 예편했다가 태평양전쟁 말기에 재소집되어 해주기지 사령관으로 복무했다. 광복 후 그는 육군참모총장을 거쳐 6·25전쟁 때 국방부 장관을 역임한다. 대대로 장군과 고급 군인을 배출한 집안이었다.

> 혼담이 오가던 당시 제 나이는 열일곱이었어요. 결혼이란 단지 두 사람만의 결합이 아니라 완전히 다른 문화를 가진 양쪽 집안의 만남이라는 사실을 전혀 알지 못할 때죠. 그저 정신대는 싫고, 더 넓은 세상에서 마음껏 공부를 하고 싶다는 꿈이 꺾인 상황이 분하기만 한 어린 소녀였죠. '신랑감이 일본에 있다니 난 일본에 갈 수 있겠구나. 일본에 가면 공부를 할 수 있지 않을까' 하는 아주 단순한 생각으로 결혼을 결심한 거죠.

신랑감의 사진이 노라노의 집에 전달됐다. 엄청난 미남인 신랑의 사진을 보고 노라노도 놀랐다. 사진 속 예비 신랑 외모는 노라노가 즐겨 보던 독일 영화에 나오는 주인공처럼 미남자였다. 멋진 군복을 입고 엄숙한 표정을 짓고 있는 예비 신랑을 보자, 이 결혼은 어쩔 수 없이 하는 결혼이라고 생각했던 노라노도 살짝 기대감이 감도는 것이 사실이었다. 신랑감 사진을 받았으니 노라노 집안에서도 사진을 보내야 했다. 경기여고에서 소문난 멋쟁이였던 그녀가 그냥 사진을 찍었을 리는 만무했다. 사진에 입고 찍을 옷을 그녀가 직접 만들었다. 미쓰코시 백화점에서 숙녀들이 쓰는 아주 멋진 모자를 구입했다. 자신이 직접 만든 예쁜 옷과 백화점에서 산 모자까지 쓰고 노라노는 신랑감에게 보낼 사진을 찍었다.

잘생긴 신랑감 사진을 보고 노라노 집에서 깜짝 놀랐듯, 신랑감 역시 멋쟁이 아가씨인 노라노를 사진을 통해 보고 마음에 쏙 들었다. 사진만 보고 결혼이라니 과연 진짜일까 싶지만, 불과 70년 전 한국에선 전혀 놀라운 일이 아니었다. 사진 교환을 한 이후 두 사람은 편지를 주고받는다. 일본 육사 출신의 신랑감은 사실 굉장한 다독가로 문학적 소양이 넘치던 사람이었다. 센스 있게 편지의 말미에 하이쿠를 덧붙였다. 경기여고에서 둘째가라면 서러울 정도로 책을 많이 읽었던 문학소녀 노라노는 단박에 그 하이쿠가 마음에 들었다. 무서울 것이라고만 생각했던 일본군 장교가 이렇게 서정적인 편지를 보내다니 남편감에 대한 기대가 한층 높아졌다. 편지가 마음에 쏙 든 노라노는 본인 역시 하이쿠를 적어 보냈다. 열일곱 살의 어린 신부가 자신의 하이쿠에 하이쿠로 답을 한 것을 보고 신랑감 역시 무척이나 기뻐했다. 실제론 만나지도 않은 두 청춘남녀는 그렇게 편지를 통해 먼저 교감했다. 제2차세계대전 막바지였던 1944년, 일본군 장교였던 신랑감은 어렵게 군대에서 결혼 허락을 받고 식을 올리기 위해 서울로 귀환했다. 결혼 휴가는 단 10일.

결혼식을 앞두고 신랑을 처음 보게 된 노라노. 그녀는 사진보다 훨씬 더 잘생긴 신랑의 얼굴을 처음 본 순간이 아직도 어제 일처럼 생생하다고 말한다. 훗날 두 사람 사이에 어떤 일이 벌어

질지는 전혀 모르던 순간. 일단 믿음직한 외모에 환한 미소를 짓는 신랑이 그저 미덥고 좋았다.

서울에서 결혼식을 올린 두 사람은 기차를 타고 부산까지 내려가 배를 타고 일본으로 건너가서 신접살림을 차린다. 일본으로 가기 위해 탄 부관 연락선(부산과 일본 시모노세키 사이를 운항하는 연락선)에서 이 신혼부부를 본 이들은 모두 노라노 부부를 일본 왕족으로 생각하는 눈치였다. 당시에는 일본 왕족 자제들이 군인 장교로 근무하는 경우가 많았는데, 잘생긴 일본군 장교에 멋지게 양장을 한 노라노였으니 그럴 만도 했다. 두 사람은 도쿄 인근 시즈오카 고텐바御殿場의 포술훈련소 장교 사택에 신접살림을 차렸다.

남편의 출정, 시댁과의 갈등

정신대 징집도 피하면서 일본에 가서 살 수 있고, 어쩌면 학업도 계속할 수 있으리라 기대했던 결혼. 그러나 현실은 기대를 철저히 배반했다. 일곱 살 연상의 신랑은 결혼 직후 전쟁터로 떠난다. 노라노는 지금도 일본 고텐바의 신혼집 구조며 세간까지 정확하게 기억한다. 그곳에는 신혼집에 온 첫날 남편이 직접 만들어준 찬장이 있었고, 어설프기 그지없는 실력으로 노라노가 차린 밥상도 있었다. 지금도 노라노는 남편이 전쟁터에 출정 명령을 받고 떠나던 밤을 생각하면 가슴이 먹먹하다. 사진만 보고 결혼했지만 평생을 함께하기로 약속한 남편, 그는 전쟁터로 떠나가기 직전 노라노에게 이별주인 브랜디 한 잔을 건네고 마지막 입맞춤을 해주었다. 두 사람은 별말을 하지 않았다. 죽을 확률이 지배적인 곳으로 떠나는 사람에게 정작 긴말이 나오지 않더라고 그녀는 말한다. 남편이 떠난 뒤에야 눈에서 눈물이 쏟아졌다. 신혼집에 짐을 푼 다음 날 출정 명령을 받고 떠난 남편. 남편과 함께 이날 전장에 갔던 이 마을의 장교는 모두 34명. 이 가운데 전쟁이 끝나고 살아 돌아온 이는 남편을 포함해 단 두 명이었다.

어린 신부를 남겨둔 채 신랑은 오키나와 전선으로 전출됐다. 고텐바 신혼집에 홀로 남겨진 노라노. 한동안 조선에서 시집오자마자 남편이 전쟁터로 간 노라노의 딱한 사정은 마을에서 화제였다. 일본인 이웃들은 앞다퉈 그녀를 위로 방문했다. 이후 노라노와 남편 신응균은 안타깝게도 행보가 자주 엇갈린다. 남편이 떠난 뒤 얼마 후, 노라노는 요코스카라는 항구도시에 남편의 부대가 잠시 주둔할 예정이니 와서 면회를 해도 좋다는 전갈을 받는다. 역에 도착하면 남편이 기다리고 있을 것이라고 전달받았는데 막상 그곳에는 남편이 없었다. 역 주변 여관에 사흘이나 머물며 남편을 기다렸지만 결국 남편은 오지 않았다. 남편과의 재회가 불발되고 한 달여의 시간이 지난 후 또 부대에서 연락이 왔다. 이번에는 부대가 시즈오카 역을 지나니 그날 역에 오면 남편을 만날 수 있다는 것이었다. 이날은 남편을 만난다.

남편은 이날 만남에서 양가 부모님께 드리는 편지와 자신의

위　　　훗날 노라노가 직접 자신을 표현한 크로키. 자신의 결혼 생활을 그림으로 표현했다. 왼
　　　쪽은 1944년 고된 시집살이 시절의 노라노. 오른쪽은 일본의 역에서 남편을 기다리는
　　　노라노.

아래　　1943년 현해탄을 건너는 노라노.

일기장 그리고 예금 통장을 그녀에게 건넨다. 자신의 부모님께 보내는 편지에는 "일단 노라노를 친정으로 보내달라, 그리고 자신이 전사할 경우 노라노를 자유롭게 해달라"라고 쓰여 있었다. 노라노의 부모님께 보내는 편지에는 "자신이 전쟁에서 돌아오기 전까진 노라노를 보호해달라"라는 내용이었다. 남편의 일기장에는 결혼 이후의 자신의 감정들이 솔직하게 적혀 있었다. 거기에는 요코스카 역에서 노라노를 먼 발치에서 보고도 나서지 않았던 심경도 적혀 있었다. 사실은 요코스카 역에 남편도 노라노를 만나기 위해 나왔던 것이다.

> 역에서 그녀가 오기를 기다리고 있었다. 푸른 원피스 차림에 어깨를 떨어뜨리고 플랫폼에 내리는 그녀의 모습을 보는 순간 나는 도저히 그녀 앞에 나설 수 없었다. 그녀가 두리번거리다가 걸어 나가는 모습을 보면서 가슴이 찢어졌다. 아무것도 모른 채 나에게로 시집와 생이별을 하고 있는 그녀를 생각하면 도저히 용기가 나지 않았다. 나는 그녀의 뒷모습을 남겨두고 돌아올 수밖에 없었다.
>
> —남편 신응균의 일기, 『노라 노, 열정을 디자인하다』에서

그의 일기와 노라노의 회고에 따르면 신응균은 매우 감정이 여리고 섬세한 사람으로 보인다. 보통 사람이었다면 아내가 자신을 보기 위해 먼 거리를 달려와 역에서 기다리고 있는 모습을 보고 일단 달려가 얼싸안았을 상황인데 그는 그러지 않았다. 죽을

노라노

지도 모르는, 아니 죽을 확률이 훨씬 높은 상황인 자신에게 시집온 아내가 불쌍한 나머지 그녀 앞에 나타나지 않은 남편 신응균. 그녀가 너무 불쌍해 그녀 앞에 나설 수 없었다는 심경을 일기에 적은 로맨티스트. 그러나 남편에 비해선 상당히 이성적인 노라노는 일기를 보자 화가 났다. 자신이 그토록 간절하게 만나기를 희망하며 기다리는 것을 알면서도 나타나지 않았다는 사실은 아무리 생각해도 이해할 수 없었던 것이다.

이후 노라노는 남편의 뜻에 따라 친정에 신랑의 전쟁터 출정 사실을 통보했고, 귀국길에 올랐다. 귀국길은 멀었다. 당시 일본에서 식민지 조선으로 가기 위해선 관부연락선을 타야 했다. 살고 있던 고텐바 역에서 시즈오카 역으로 간 뒤 다시 기차를 갈아타고 항구가 있는 시모노세키로 향했다. 이 관부연락선을 타고 부산에 도착하면 다시 기차를 타고 경성역에 도착하는 지난한 여정이었다.

서울 친정집에 도착해 며칠 휴식을 취한 노라노는 시댁이 있는 황해도 해주로 먼 여정을 떠난다. 이후 남편이 없는 시댁에서 노라노는 며느리의 역할을 다한다. 당시 출산을 한 시어머니의 해산 뒷바라지는 물론, 시동생과 시누이 그리고 시아버지 등의 식사와 빨래 등 대가족의 집안 살림을 떠맡았다. 부유하게 자라 집안일은 한 번도 해보지 않은 그녀였지만 닥치니 하게 됐다. 손이 빠르고 눈썰미가 좋은 그녀는 생전 처음 해보는 김장이며 시아버지 술상이며 뭐든 척척 해냈다.

그러나 고된 시집살이를 걱정한 노라노의 어머니가 시댁에 청

전쟁터에 간 남편을 기다리던 새색시 시절의 노라노.

해 잠시 노라노가 외할머니 집에 머물던 때, 노라노는 청천벽력 같은 편지를 받는다. 시댁에서 온 편지였는데, 그 내용은 '노라노 가 우리 집안의 며느리로 적합하지 않아 이혼을 요청한다'라는 것이었다. 남편이 오기만을 기다리며 모진 시집살이도 견디고 매 일같이 남편의 무사생환을 기도하며 지낸 자신에게 이런 편지를 보내는 시댁을 노라노는 이해할 수 없었다.

열아홉 이혼녀

대체 나에게 왜 시댁에서 이혼을 요구하는 것일까? 기가 막 혔지만, 주변에서는 돈 문제 때문인 것 같다고 입을 모았어 요. 전쟁터에 나간 신랑이 전사할 경우 엄청난 액수의 보상 금이 모두 미망인에게 돌아간다는 사실을 일깨워주더군요. 난 보상금이 억만금이 나와도 다 필요 없다 싶었어요. 그리 고 아들의 생사를 알 수 없는 상황에서 이혼을 요구하는 시 댁 식구들, 제 상식으로는 받아들일 수 없었어요.

결혼 이듬해 1945년 미군은 일본 오키나와에 상륙한다. 노라 노 남편은 그때 오키나와에 주둔하고 있었다. 전쟁의 막바지, 다 들 미군이 진입한 이상 거기 있는 일본군은 모두 죽은 목숨이라 고 말할 때였다. 남편은 일본 육군 소좌로 승진한 상황이었기 때문에 전사하면 나오는 위로금과 생명보험금이 막대했다. 결혼을 한 이상 그 돈의 수령자는 당연히 노라노였다. 일단 일방적인 시댁의 이혼 요구에 노라노 집안에선 이혼은 당사자인 사위가 결정할 일이라며 응할 수 없다는 의사를 단호하게 전달한다.

훗날 노라노가 결국 이혼을 선택하는 것은 이때 시댁의 이혼 요구가 결정적 작용을 한 것으로 보인다. 해주에서 고된 시집살이를 하던 열여덟 살의 노라노는 외양은 철부지 소녀 같아 보여도 속은 강단이 있는 사람이었다. 아무리 생각해도 시댁의 처사를 받아들일 수 없었다. 전쟁터에 나간 사람의 생사를 알 수 없는 상황에서, 몇 번 제대로 보지도 못한 남편이지만, 평생을 기약한 아내인 만큼 무사귀환을 바라는 기도를 하루도 빼놓지 않았다. 그런데 정작 그 가족들은 아들의 죽었는지 살았는지조차 알 수 없는 상황에서 며느리에게 이혼부터 요구하다니, 사람의 도리상 그럴 순 없다고 생각한 것이다. 그런 가운데 결국 전쟁은 끝이 났다.

해방 이듬해인 1946년, 전사했다고 생각한 남편이 기적적으로 생환한다. 당연히 죽었으리라 생각했던 남편은 오키나와에서 한 일본 여인에게 구조되어 그녀의 집에 은신하며 목숨을 부지했다. 오키나와 주둔 미군들이 한국인들을 한국으로 귀환시켜주면서 돌아온 것이었다. 아내를 만나자마자, 남편은 오키나와에서 자신을 돌봐준 여자 얘기부터 했다. 이것이 화근이었다. 노라노는 실망했고, 그녀 역시 남편을 보자마자 이혼을 요구한 시댁 얘기를 하며 서로의 감정을 건드렸다. 이후 남편을 따라 시댁으로 간 노라노는 시댁의 냉대와 모든 잘못은 노라노와 노라노 친정에 있다는 식의 책임 전가에 매우 절망한다. 결국 시댁과 노라노 사이에서 난처해하던 남편은 노라노의 앞날을 위해 이혼을 해주기로 한다. 노라노 친정은 매우 격분했지만, 마침내 두 사람은 이혼 서류에 도장을 찍었다.

분노는 나의 힘

이혼 후 제 아버지는 저를 불러 이렇게 말씀하셨어요. 명자야, 이제 세상은 바뀌고 있단다. 그러니 아픔은 잊고, 당당하게 네 삶을 살아갈 방도를 궁리하려무나. 무엇이든지 나는 너를 응원하고 지지하고 도와주마.

노라노는 돌이켜보면 남편이나 자신이나 그때는 참으로 어렸다고 말한다. 생사의 기로에서 살아 돌아온 남편은 그동안 자신을 돌봐준 다른 여성 얘기부터 했고 자신은 시부모님이 행한 가혹한 처사부터 얘기했다는 것. 남편이 돌아오고 그녀는 이 결혼은 더 이상 지속할 수 없다는 사실을 깨달았다. 남편을 따라 시댁에 들어가면 자신의 장래는 뻔하다는 생각이 들었다. 이미 남편이 전쟁터에 나간 동안 이혼을 강요했던 시댁의 비인간적인 처사에 마음이 상할 대로 상한 상황이라 극도로 보수적이었던 시댁 문화에 동화될 자신이 없었다. 노라노는 생각한다. 이혼을 하고 나면 앞날이 미지수지만, 그래도 미래에 대한 가능성은 있다.

노라노는 지금도 첫 남편에 대한 나쁜 감정은 전혀 없다고 말한다. 또, 이혼을 한 선택 역시 자신의 평생의 결단 중에서 가장 잘한 일이라고 생각한다. 가정을 못 지켰다고 뭇사람에게 지탄을 받았지만 그 덕분에 한국 최초의 패션 디자이너가 되었다고 생각한다. 이혼을 하겠다고 결심했을 때의 심경은 지금도 생생하다. '그래! 이혼 이후의 삶은 알 수 없지만, 그 알 수 없는 길이 내가 가야 할 길이다.'

> 제가 열심히 살 수 있었던 원동력 가운데 하나가 '분노'라고 생각해요. 제 분노는 이혼하면서 생겨났죠. 남편이 전쟁터 가 있는 동안 단지 전쟁 보상금 때문에 이혼을 강요했던 시댁 사람과 온 세상에 본때를 보이고 싶었어요. 또 이혼녀라고 손가락질하는 주위 사람들에게도요. 독립하는 데 필요한 돈도 없었고, 물론 능력도 없었어요. 무엇인가 해봐야겠다는 불타는 의지뿐이었죠. 이혼을 하면서 권투 선수처럼 도전해보기로 결심했습니다. '분노' '결핍' 이런 것들이 있어야 뭔가 이루어내는 것 같아요.

1946년 이혼 후 자신의 모습을 담은 그림. 복잡한 서울 복판에서 바지 정장을 입고 당당한 포즈를 지은 모습에서 일과 자유를 선택한 여성의 자신감이 느껴진다.

집안의 몰락

해방 이후, 부유했던 노라노의 집안도 가세가 급격히 기울기 시작했다. 노라노 집안의 부는 기본적으로 외조부가 일군 부가 바탕이 됐다. 훗날 확인해보니 외조부는 인천 지역의 땅을 절반 가까이 소유할 정도 거부였지만 계동 집을 짓기 위해 외조모가 상당 부분을 처분했고, 나머지 땅은 광복과 한국전쟁을 겪으며 난리통에 행방을 알 수 없게 됐다. 물론 노라노 부친 노창성은 해방 전에는 경성방송국장을 역임하며 당시 조선인으로선 최고의 사회적 지위와 경제력을 유지했다. 그러나 해방 이후 실물경제가 엉망이 됐고 화폐가치는 급격히 떨어졌다. 매우 알뜰했던 노라노 모친은 남편의 수입을 꾸준하게 저축해두었는데 저축한 돈의 가치가 급락한 것이다. 여기에 엎친 데 덮친 격으로 주변의 믿었던 이들에게 크게 사기를 당하면서 노라노 집안은 계동의 대저택을 팔고 신당동으로 이사를 해야 할 정도로 형편이 어려워졌다. 그러나 집을 팔아도 9남매에 외조모 등 열두 명의 생계를 유지하는 일은 쉽지 않았다. 맏이였던 큰딸은 시집을 갔으니 둘째인 이혼한 노라노가 돈을 벌지 않으면 안 되는 상황이 됐다. 책임감이 유달리 강한 노라노는 자신이 집안을 책임지는 것이 당연하다고 생각했다. 여성도 반드시 최고의 교육을 받아야 한다고 생각한 부모님 덕분에 경기여고에서 훌륭한 고등교육을 받을 수 있었으니 이제 자신이 집안을 일으켜야겠다고 생각했다. 자신 밑으로 무려 일곱 명의 동생이 올망졸망 노라노만 바라보고 있었다. 이때부터 노라노는 실질적인 가장이 됐다. 당시 여성이 멀쩡한 직업을 갖는다는 것은 하늘의 별 따기만큼 어려웠던 시절. 마침 미군정청에서 영어와 타이핑을 할 줄 아는 여직원을 구한다는 소식이 들려왔다. 이때는 영어 실력이 일천했다. 심지어 타이핑은 쳐본 적조차 없었다. 그러나 뭘 하면 놀라운 집중력을 보이던 노라노는 그날부터 석 달간 방에 틀어박혀 영어와 타이핑 공부에 매진한다. 타자기가 없었으므로 동생이 미군 부대에서 잠깐 빌려 온 타자기를 종이에 그대로 옮겨 그려놓고 연습했다. 영어는 헌책방에서 구한 회화책을 그야말로 달달 외웠다. 석 달여 벼락치기 공부 후 노라노는 미군정청 보건후생부의 말단 여사무원으로 생애 첫 직장을 구한다.

미군정청 이후 두 번째 직장은 미군 피엑스PX였다. 이곳의 미용실에서 통역 일을 맡는다. 손님들인 외국인 장성이나 그들의 가족이 미용실에 왔을 때 한국인 미용사들에게 원하는 머리 스타일을 설명해주는 일이었다. 독학으로 영어를 공부했던 노라노는 이때까지도 영어 실력이 아주 유창하진 않았다. 그러나 그녀의 수입에 온 가족의 생계가 달린 상황. 서툰 영어를 눈치로 극복하며 밥벌이의 어려움을 체감한다.

운명을 바꾼 드레스

> 파티에서 만난 미군정청 재정부장의 부인이 한국인 3세였는데, 그분이 "노라노, 드레스가 너무 이쁘다!"라며 어디서 맞춘 건지 물었어요. 제가 직접 만들었다고 하니 너무나 뛰어난 재능이라며 "디자이너가 되는 공부를 꼭 해보라" 하는 거예요. 그때 '디자이너'란 말을 생전 처음 들었어요.

노라노는 식산은행장 스미스의 비서가 되면서 세 번째 직장으로 옮기게 된다. 훗날 노라노가 미국 유학을 가는 데 결정적인 도움을 준 스미스는 주말마다 자신의 안국동 공관에서 대규모의 디너파티를 열었다. 국내 거주하는 외교사절과 경제인 들이 주로 참석하는 이 파티를 준비하기 위해 비서인 노라노도 동원됐다. 음식 마련부터 테이블 세팅, 청소 감독에 통역까지 전천후로 일했다. 그러던 어느 날 파티 준비를 끝내고 퇴근하려는 노라노에게 미군정청 재무부장이 파티 참석을 권했고, 능통한 영어 실력을 갖춘 노라노는 이후 국내외 귀빈들이 참석하는 파티에 단골로 초대된다.

이런 파티에 드레스는 필수. 노라노는 일본인들이 버리고 간 기모노를 싸게 사서 직접 드레스를 만들었다. 파티에 참석하던 이들 가운데 당시 미군정청의 고위직 부인으로 한국인 3세인 배여사라는 분이 그녀의 드레스를 극찬하며 디자이너가 되라고 강

이혼 직후의 노라노. 한껏 멋을 부린 머리 스타일과 화장에서 젊은 여성의 열정이 느껴진다.

력하게 권한다.

그 순간 노라노는 깨달았다. "아, 내 갈 길은 옷이구나!" 때론 타인의 말 한마디가 인생행로를 바꾼다. 노라노의 경우가 바로 그랬다. 어릴 때부터 워낙 유달리 옷을 좋아했던 노라노지만, 본인 스스로는 사실 디자이너가 될 결심을 전혀 하지 못했다. 당시에는 패션 디자이너라는 직업 자체가 한국에 없었기 때문이다.

배여사는 은행장인 스미스를 비롯해 파티에 참석한 미 군정청 장관들에게 노라노의 재능을 칭찬하며 그녀의 유학을 도와주자고 말한다. 파티에 참석한 주요 인사들은 미국 대학 입학에 필요한 추천서를 써주었고, 스미스는 미국에서 노라노를 경제적으로 도와줄 수 있는 스폰서도 구해주었다.

키다리 아저씨

당시 식산은행 은행장이던 스미스의 비서로 취직을 하면서 노라노의 인생은 달라진다. 그녀가 솔직하게 자신의 영어 실력이 아직은 변변치 않다는 사실을 털어놓자 특별히 직접 개인 교습을 시켜준 것이다. 아침마다 한 시간 일찍 출근해 스미스에게 영어를 배우면서 노라노의 영어는 그야말로 일취월장한다. 또 스미스는 점심 사먹을 돈이 없어 부실한 도시락을 싸 와서 해결하는 노라노를 보곤 점심도 제공한다. 스미스가 제공한 점심은 햄버

앞의 그림과 비슷한 스타일로 어깨를 과감하게 드러낸 드레스를 입은 노라노. 광복 직후였던 당시 서울에서 노라노만큼 멋쟁이 아가씨는 드물었다. 파티에서 외국인이 찬사를 아끼지 않는 패션 감각으로 빛나던 시절.

핫팬츠를 입고 각선미를 뽐내는 노라노.

거. 그는 전차를 타고 변두리인 신당동에서 비 오는 날에 우산도 없이 퇴근하는 노라노를 보곤 퇴근길에 자신의 자동차로 데려다 줄 만큼 노라노의 인생에서 다시없을 호의를 보여준 사람이었다.

스미스 씨 덕분에 전 태어나서 처음으로 햄버거를 먹었죠. 두툼한 고기와 치즈에 빵이 덮여 있는 햄버거는 정말 천국의 맛이었어요. 한입 베어 물곤 정말 기절할 정도로 맛있었죠. 거기다 감자로 만든 프렌치프라이도 어찌나 바삭바삭하고 맛나던지. 점심을 대충 해결하는 저를 위해 늘 햄버거를 사 준 스미스 씨에게 너무 감사해서 전 햄버거 가격을 다 기록 했죠. 그리고 크리스마스 때 햄버거 가격만큼 과일과 계란을 사서 댁으로 보냈어요. 너무나 큰 은혜를 입었는데 공짜 점 심까지 얻어먹는 건 제 성격에 맞지 않았거든요.

훗날 노라노는 자신을 전폭적으로 지원하고 미국에도 갈 수 있게 도와준 스미스에게 무한한 감사의 인사를 전한다. 그때 스 미스는 이렇게 말했다고 한다. "너는 나에게 아무런 빚이 없다. 네가 성장하는 것을 지켜본 것만으로 충분히 행복했다. 그러나 네가 빚이 있다고 생각한다면, 그 빚은 다음 세대에게 갚도록 해 라." 스미스의 이 말은 노라노에게 평생 잊지 못할 지침이 됐고, 어떤 형태로든 다음 세대에게 도움이 되는 사람이 되고자 노력 하게 만들었다.

비행기를 탄 두 번째 여성

당시 미국에 가려면 배를 타는 수밖에 없었어요. 그것도 일반 여객선은 아예 없을 때라서 미군 수송함을 타고 가야 했죠. 그런데 출국일을 기다리고 있을 즈음, 남한에서 미군이 철수를 선언하면서 배를 탈 수가 없게 됐죠. 미국을 가기 위해 동분서주를 하던 중 성악가 김자경 씨를 우연히 만났어요. 그녀가 "난 여객기 타고 내일 미국에 간다. 여객기 다니는지 몰랐지? 넌 다음 편 비행기 타고 오렴." 이렇게 일러줬어요. 당시 편도 항공료가 1000달러였어요. 내겐 배를 타고 간다고 생각해 모아둔 350달러밖에 없었죠. 그때 유학을 반대했던 어머니가 어렵게 남에게 빌려준 돈 10만 원을 되찾아서 제게 주셨어요. 그때 우리 돈 10만 원을 환전하니 650달러쯤 되더군요. 그렇게 가까스로 1000달러는 모아서 미국으로 갈 수 있었지요.

노스웨스트 항공사(2008년 델타 항공에 합병)에 따르면 훗날 김자경 오페라단 단장이 되는 성악가 김자경 씨가 한국에서 최초로 비행기를 타고 미국으로 간 일반 여성이고, 두 번째로 비행기를 탑승한 사람은 노라노로 확인된다. 노스웨스트는 1947년 7월 한국에 상용 여객기를 최초로 띄운 민간 항공사로, 당시 좌석이 96석인 폭격기를 개조한 여객기를 한국-미국 노선에 투입했다.

1930년대 말에 등장한 근대 여객기로 최초로 화장실이 설치된 여객기였다. 미국까지 항공료는 무려 1000달러. 당시 우리나라 1인당 국민소득GDP이 57달러일 때니 이 항공료가 얼마나 거금이었는지 미루어 짐작할 수 있다. 당시 비행기가 이륙하던 곳은 여의도. 노라노의 출국날, 가족들은 여의도 공항에 집결한다. 일본 유학파에 국내 최초의 아나운서로 신여성 중에 신여성이었던 어머니조차도 미국 유학은 완강히 반대했다. 이렇듯 1947년 미국은 달나라만큼 먼 나라였다. 외조모는 노라노가 꾸린 짐만 보고도 울 정도였다. 자신이 사랑하는 이들이 모두 결사반대를 하는데도 미국 유학을 감행할 때 노라노의 심경은 어땠을까? 그녀는 이혼녀라는 사실이 유학을 결정하는 데 결정적인 역할을 했다고 말한다. 사실 이혼 전까진 노라노는 누구에게나 부러움을 받는 위치였다. 외가 덕분에 나면서부터 유복했고, 경성방송국장인 아버지, 최초의 아나운서인 어머니는 정서적으로 완벽한 환경을 마련해주었다. 경기여고라는, 당대 여성이 다닐 수 있는 최고의 학교를 나온 노라노. 결혼 전까진 세상이 장밋빛이었고, 고난은 없을 것만 같았다. 그러나 누구도 피해 갈 수 없는 제2차세계대전이 격화되면서 정신대 징집을 피하기 위해 결혼을 했고 인생의 쓴맛을 겪었다. 결혼이라는 것이 당사자들끼리 좋다고 해서 잘 흘러갈 수 있는 것이 아니라는 사실도 깨달았고, 내가 선의를 가지고 대하려 해도 상대방은 전혀 그렇지 않을 수 있다는 사실을 시집살이를 통해 알게 되었다. 막대한 전쟁 보상금 앞에서는 갓 시집온 며느리에게 이혼을 요구할 만큼 사람이 냉혹할

인생행로가 바뀔 무렵의 노라노.

수 있다는 사실도 깨달았다. 그리고 단지 이혼을 했다는 이유만으로 '문제 있는 여자' '팔자 드센 여자'라며 손가락질을 받는 상황은 자존감 강한 노라노에게 견딜 수 없는 상처였다.

노라노는 이 모든 상황에 분노했다. 성숙한 성인으로서 더 이상 함께할 수 없다는 판단이 들어 이혼을 결정한 것인데 그것이 그토록 사람들에게 비난받을 짓인지, 그렇게 도덕적으로 옳지 못한 것인지 이해가 가지 않았다. 이 땅이 아닌 더 넓은 세상에 나아가 더 큰 배움과 깨달음을 얻고 싶었다. 당시 대개의 한국인이 가본 적 없는 미국이라는 미지의 세계를 경험해보고 싶었다. '여자'라는 이유만으로 2등 시민 취급을 하는 세상, 거기다 '이혼녀'라는 낙인을 찍어버리고 기회를 주지 않는 이 땅이 아닌 곳에서 실력으로 정면 승부를 하고 싶었다. 무엇보다 자신의 재능을 인정해준 사람들이 적극적으로 그녀에게 추천한 일, 자신이 어릴 적부터 그토록 좋아했던 일에 정면으로 도전해보고 싶었다. 한국 땅에서는 자신은 실패한 이혼녀일 뿐이니 더 잃을 것도 없겠다 싶었다. 노라노는 미국 유학에 임할 때 자신의 심정은 분노의 에너지로 가득했다고 말한다. 언뜻 분노라는 감정을 나쁘게만 생각할 수도 있지만 노라노는 아니라고 잘라 말한다. '싸우고 싶다' '이런 현실은 옳지 않다'라는 분노의 감정이 있어야만 투지가 생겨서 뭔가를 이룰 수 있다는 것이다. 역설적으로 '이혼녀'가 됨으로써 사회적으로 실패자가 된 것이 자신이 한국 최초로 미국에 패션 유학을 다녀온 사람이 될 수 있는 결정적 계기가 됐다고 그녀는 얘기한다. 오직 아버지만이 이 유학에 찬성해 어머

니와 외조모도 설득해주었다. 노라노가 사지에라도 가는 것처럼
오열하는 가족을 뒤로한 채, 그녀는 여의도 공항에서 폭격기를
개조해 만든 여객기를 타고 미국으로 향했다.

노라노란 이름의 기원

여권에 기입할 영어식 이름이 필요한 상황이기도 했지만, 완
전히 새로운 세계에 도전을 앞두고 자신을 새롭게 명명하고
싶다는 생각도 컸어요. 문학소녀였던 저는 당연히 제 이름도
문학작품에서 찾았죠. 입센의 희곡 『인형의 집』에 나오는 주
인공 노라와 제 상황이 참 비슷하다고 생각했어요. 노라가
새로운 인생을 찾아서 집을 나왔듯이, 저 역시 전혀 다른 길
을 가고자 이혼을 하고 미국으로 향하니까요. 『인형의 집』을
떠올리는 순간, 바로 전 노라가 됐죠. 게다가 제 성이 노씨여
서, 앞뒤가 똑같은 음절이 되는 것도 운명이다 싶었죠.

유학에 앞서 지은 이름 '노라노'는 그녀 이름인 동시에 그녀의
패션을 상징하는 브랜드 이름이 된다. 유학을 떠나면서 그녀는
'명자'라는 이름을 버리고 '노라'가 됐다. 덴마크 작가인 헨리크
입센이 쓴 희곡 『인형의 집』의 여주인공 노라. 엄청난 다독가였
던 노라노는 『인형의 집』을 읽고 깊은 인상을 받았다. 특히 매우

주체적으로 자신의 존엄함을 찾겠다며 집을 나서는 여주인공인 노라는 그녀의 마음을 뒤흔들 만큼 매력적인 캐릭터였다.

희곡에서 노라는 위중한 병을 앓고 있던 남편 헬메르의 치료비를 마련하기 위해 남편에게 말하지 않고 아버지 서명을 위조해서 고리대금업자 크로그스타드에게 돈을 빌린다. 아내가 마련한 돈 덕분에 병을 치료한 남편 헬메르는 건강을 회복한 뒤 은행장이 된다. 그런데 헬메르가 은행의 고위직이던 크로그스타드를 해고하려 하자 크로그스타드는 노라를 위협한다. 노라가 아버지 서명을 위조해 자신에게 돈을 빌린 사실을 폭로하겠다고 나선 것. 모든 사실을 알게 된 남편 헬메르는 노라를 비난한다. 자신을 살리기 위해 돈을 빌린 아내에게 자신을 곤란하게 만들었다며 책잡는다. 결국 노라가 주변의 도움으로 위기 상황을 해결하자 남편 헬메르는 다시 노라를 아내로 대접한다. 남편의 지독한 이기심과 위선적인 행태에 진저리가 난 노라는 자신은 당신의 아내이자 아이의 어머니이기 이전에 존엄한 인간이라며 집을 박차고 나간다.

이런 노라의 행동이 이혼을 했던 노명자에겐 더없이 멋지게 느껴졌다. 근대적 자의식을 가진 새로운 여성상 '노라'. 더 이상 결혼에 실패했다며 손가락질받는 이혼녀가 아닌 나름의 개성과 인격을 가진 사람이 되고 싶었다. 그래서 미국 유학을 가기 위해 여권에 기입할 영어 이름을 지을때 망설이지 않고 '노라'라고 정했다. 게다가 자신의 성도 '노'여서 외국인들이 듣는 순간 쉽게 외우는 이름이 되는 것도 운명같이 느껴졌다.

유학 당시 할리우드 배우처럼 멋 부린 노라노. 유학을 마치고 귀국한 이후에는 머리 길이를 짧게 바꾸고 꾸미기를 자제했다. 미스터 타박이 "디자이너가 너무 화려하면 고객들이 부담을 느낀다"라고 충고했기 때문. 이후 주로 검정색이나 무채색의 바지 정장 등 일하기 편한 스타일로 변신했다.

훗날 그녀가 한창 디자이너로 명성을 날리던 때, '노라노' 양재 학원, '노라노' 복장 학원 등 그녀의 이름을 도용한 학원들이 판을 쳤다. 이들은 모두 노라노와 전혀 관계없는 곳이다. 노라노는 단 한 번도 자신의 이름을 건 학원을 만든 적이 없다. 주변에선 이렇게 이름을 멋대로 가져다 쓴 학원에 법적으로 문제를 삼으라고 했다. 그러나 노라노는 법적 대응을 하지 않았다. 물론 속은 상했다. 그러나 그런 것에 일일이 대응하는 것은 노라노의 스타일이 아니었다. 자신의 이름을 딴 학원이 생겼다는 것은 그만큼 디자이너로서 존재감이 있어서 생긴 부수적인 현상이라고 생각하기로 했다. 그렇게 노라노는 스스로 만든 이름하에 한국 패션을 상징하는 존재로 자리매김한다.

최초의 패션 유학생이 되다

미국에 도착하자마자 이민국 관리사무소 수용소에 며칠을 억류되어 있었는데, 전 거기서 불법 입국한 멕시코 사람들과 어울려 〈베사메 무초〉를 부르며 시간을 보냈어요. 그런 곳에 있으면서 노래를 부른 동양 여자는 저밖에 없을걸요. 하하하.

한국 나이로 스무 살인 1947년, 노라노는 미국행 비행기에 몸을 실었다. 70년 전에 미국 유학을, 그것도 여성이 떠난다는 것은 사실 거의 불가능에 가까운 일이었다. 노라노를 태운 비행기가 처음 내린 곳은 미국 시애틀 공항. 이곳에서 LA로 가는 비행기로 갈아타야 하는 일정이었으나 그녀는 환승을 못한 채 이민국 관리사무소에 억류된다. 비자에 문제가 있다는 간략한 설명만 듣고, 이역만리 타국의 땅에 영문 모르고 감금된 것이다. 보통 사람이라면 애태우며 피가 마르는 상황인데, 그녀는 특유의 긍정적인 면모로 함께 갇힌 이들과 노래를 부르며 시간을 버텼다. 우여곡절 끝에 그녀의 비자는 문제가 없는 것으로 결론이 났고, 마침내 원래의 행선지인 LA로 향하게 된다.

이렇게 1947년 미국 LA에 도착한 노라노는 프랭크왜건테크니컬칼리지Frank Waggon Technical College에서 패션 디자인을 공부하는 동시에 의류 공장에서 일하게 된다. 유학을 가기도 어려운 시절에 공장에서 일을 할 수 있었던 것은 은행가 스미스의 도움이 컸다. 스미스는 노라노의 미국 비자 발급을 적극적으로 도왔을 뿐 아니라 공부를 하면서 생활이 가능하도록 의류 공장 취직도 연결해줬다. 스포츠 의류 회사인 타박오브캘리포니아Tabak of California. 이곳이 바로 노라노가 미국에 와서 견습생으로 일을 배운 곳이다.

학교에서 패션의 기본과 기술, 패턴 제작을 배우고 공장에서 디자인이 상품이 되는 과정을 경험한 것은 노라노 패션의 방향을 결정짓는 데 아주 중요한 역할을 했다. 노라노의 패션 세계를 관통하는 키워드인 '실용성'. 옷이란 미학적으로 아름답기도 해야 하지만, 동시에 제품으로서 기능적으로 우수해야 한다는 지

파트너로 함께 일했던 미국 디자이너와 디자인을 논의하는 노라노.

론이 이때부터 확립됐다. 디자이너 본인은 예쁘다고 디자인한 옷이라도 막상 제품으로 나왔을 땐 문제가 많을 수 있다는 사실을 직접 옷이 생산되는 의류 공장에서 일하며 몸으로 체득한 것이 행운이었다고 그녀는 말한다.

노라노가 진학한 프랭크왜건테크니컬칼리지는 일종의 기술 전문학교였다. 졸업과 동시에 바로 현장에 투입되는 인력을 양성하는 곳이라는 것도 노라노에겐 또 하나의 행운이었다. 이곳에서 배운 것 가운데 노라노가 현재까지도 제대로 잘 배웠다고 자부하는 것이 바로 패턴이다. 사실 요즘 디자이너들 중에는 직접 패턴을 그리거나 뜰 줄 아는 디자이너가 많지 않다. 대부분 패턴사에게 맡기는 것이 일반적이다. 그러나 노라노는 아흔인 지금도 자신의 브랜드에서 나오는 모든 옷의 패턴을 직접 만든다. 옷의 골격인 패턴을 제대로 만드는 것이 패션의 기본이라고 생각하기 때문이다. 스무 살의 노라노는 이곳에서 미국식 평면 재단과 유럽식 입체 재단의 핵심을 제대로 배웠다.

패션 산업의 분업화를 체감하다

노라노가 유학을 했던 1940년대의 미국은 이미 패션 산업이 완전히 분업화되고 1920년대 이후로 최고의 호황기가 이어지고 있을 때였다. 노동력을 효율적으로 활용함으로써 생산량을 높일 수 있다는 '과학적 경영 방식'을 주장한 프레더릭 윈즐로 테일러의 테일러리즘 영향 아래 전 산업 분야는 대량생산이 가능한 시스템으로 재편됐고, 패션 산업 역시 예외가 아니었다.

특히 전설적인 자동차 사업가 헨리 포드는 노동자들의 시간과 행동의 관계를 연구해서 효과적인 조립 라인 시스템을 새로 도입해 생산과정을 분업화·단순화·기계화한 대량생산 체제인 '포디즘'을 구축했다. 노라노는 바로 이런 포디즘이 전 산업 분야에 확실히 자리 잡았을 시기에 유학을 했고, 식민 통치를 막 벗어난 한국에서는 상상도 할 수 없었던 미국 산업의 모더니티를 직접 경험했다.

노라노는 자신이 미국에서 배운 이 시스템을 한국에선 당연히 기대할 수 없다는 사실을 늘 고민하게 된다. 결국 해답은 한 가지. 한 벌의 옷이 만들어지는 전 과정을 자신이 직접 배우기로 했다.

직장이던 타박오브캘리포니아의 사장이던 타박에게 간청해 공장의 각 부서를 순환하며 일을 경험해보기로 했다. 시작은 옷 만들기의 기본인 바느질 공정인 파워 미싱. 처음에는 어설펐지만 워낙 손재주가 뛰어나 어렵지 않게 미싱을 다룰 수 있게 됐고, 이어서 옷이 상품으로 나가기 전 마무리로 가장 중요한 단계인 기계 다림질과 포장까지도 마스터한다. 별것 아닌 듯한 이 배움이 훗날 노라노가 직접 패션 사업을 일구는 데 아주 중요한 역할을 했다.

한국 유학생들과 불고기 스테이크

매 주말마다 거의 20여 명에 달하는 한국 유학생들을 초대해 맛있는 한국 음식 파티를 했죠. 당시 한국 유학생들은 저를 빼곤 전원 남자였어요. 당연했죠. 미국에 오는 것이 달나라 가는 것보다 어려운 시절인데, 여자가 있을 리 없죠. 제가 여자 유학생으로는 거의 유일했어요. 저도 어려운 형편이었지만, 돈이 없어 늘 굶다시피 하는 한국 유학생들을 외면하기 힘들었어요. 제가 또 요리를 제법 하거든요. 그런데 참 한국 남자들이 너무하다 싶었던 게, 그렇게 배불리 먹고도 설거지를 하고 가는 사람이 없었어요. 미국에 있으면서도 가부장적인 사고를 못 버린 거죠. 요리에 수십 명분의 설거지까지 해야 했지만, 전 즐거웠어요. 남에게 대가를 바라지 않고 순수한 호의를 베푸는 것은 정말 행복한 일이거든요.

손재주가 탁월해서일까. 따로 요리를 배운 적이 없는데도 그녀는 음식 솜씨가 뛰어나다. 평생 너무 바빠서 요리를 직접 할 시간이 없었지만 미국 유학 생활 중에는 원 없이 했다. 자신을 위해서가 아니라 가난한 유학생들을 위해서. 1940년대, 미국에 유학 간 한국인들은 형편이 어려웠다. 당연한 일이었다. 거의 굶다시피 하는 한국 유학생들이 많다는 얘기를 들은 노라노는 매 주말 자신의 집으로 한국 유학생들을 초대했다. 그녀 역시 넉넉하진 않았다. 그러나 그녀는 운 좋게 직장을 다니는 상황이라 적지만 월급이 나왔다. 조금이라도 형편이 나은 사람이 어려운 이들을 돕는 것은 당연하다고 생각해 음식을 나눴다. 주요 메뉴는 불고기 스테이크. 미국에선 비교적 저렴한 햄버거용 고기 패티를 사서 간장, 마늘 등을 넣은 불고기양념에 재운 다음 구워냈다. 모양은 딱 햄버그스테이크인데 맛은 불고기인 이른바 불고기 스테이크였다. 맛이야 두말할 나위 없었다. 또 미국 정육점에서 그냥 버리는 부위인 소 내장이나 뼈다귀를 구해다가 설렁탕과 곰국을 끓였다. 한국에선 구경하기도 힘든 고깃국에 스테이크. 가난한 한국 유학생들에겐 영혼까지 위로해주는 음식이었다. 가끔 노라노는 그때 자신의 음식을 먹었던 유학생들은 다들 어떻게 지내고 있을까 궁금해한다. 그녀가 한국에 들어온 이후로는 소식을 듣지 못했다.

할리우드 배우 소개팅

겨울에 영하 5도를 기준으로 그보다 따뜻하면 무조건 아침에 도산공원으로 걸으러 나가요. 도산 안창호 선생을 기리는 도산공원. 저희 집 바로 인근에 있는 이 공원에 가면 도산 선생과 함께 그 아드님이 떠오르곤 하죠. 도산 선생의 장남인 필립 안은 이성이 아니라 순수한 우정을 나눈 친구였죠.

노라노와 필립 안이 한인회 주최 파티에서 즐거운 시간을 보내고 있다. 할리우드 스타였던 필립
안은 오랜 세월 노라노와 좋은 우정을 나눈 친구였다.

아흔의 노라노가 매일 새벽 가는 곳이 있다. 바로 청담동 자택 인근에 있는 도산공원으로, 도산 안창호 선생을 기리기 위해 만든 공원이다. 재밌는 것은 도산공원에 매일 가는 노라노가 실제로 도산 선생 아들과 인연이 있다는 것이다. 미국 유학 시절 노라노는 도산 선생 아들인 필립 안과 소개팅을 했다. 도산 안창호 선생의 1남 1녀 가운데 장남인 필립 안은 할리우드에 진출한 최초의 한국계 배우였다. 안창호 선생이 1902년 아내 이혜련과 함께 미국으로 이주하고 3년 뒤인 1905년 미국에서 태어난 필립 안은 출생과 함께 미국 시민권을 얻은 최초의 한국인이었고, 당연히 원어민과 같은 뛰어난 영어 실력을 갖췄다. 당시 할리우드 영화에서 일본인과 중국인 주요 배역을 독점하며 승승장구하던 때, 마침 LA로 유학 온 노라노를 만나게 된다. 두 사람의 소개팅은 미주 한인회 분들의 주선으로 이뤄졌다.

노라노는 배우라기에 엄청난 미남을 기대했는데 실제로 만나보니 그렇지 않아서 좀 실망했다고 솔직하게 털어놓는다. 한국 독립의 아버지인 안창호 선생의 아들이라는 자부심이 대단했던 할리우드 스타와 훗날 한국 패션 디자이너 1호가 되는 여성은 수십 년간 그야말로 친구로서 좋은 우정을 나누는 사이가 됐다.

노 라 노 를   말 하 다

최승자
1965년 미스코리아 선

최승자는 노라노의 친동생과 함께 어린 시절 발레를 배워 아주 일찍부터 노라노를 알았다. 노라노 자택 거실에서 발레 연습을 하곤 했던 최승자는 당시 노라노의 모습을 이렇게 회고한다.

그때 신당동 집에 의상실을 여셨거든요. 늘 옷감 더미에서 디자인을 하거나 패턴을 만들며 정신없이 일하고 계셨어요. 늘 바빠 보이는데도 동생 친구들이 오면 정답게 코코아를 타주셨어요. 어쩌나 맛있던지, 지금도 그 맛이 잊히지 않아요.

미스코리아 출전 당시의 드레스는 물론 이후 수십 년간 모든 옷을 노라노에게 맞춘 최승자에게 노라노는 단골 디자이너를 넘어서 인생의 멘토다.

남들이 보기엔 부러울 것 없고 자신만만한 커리어 우먼으로 보일지 몰라도, 제가 느끼기엔 선생님은 두 번 이혼한 것에 대해 부끄러움이 있으신 것 같아요. 의외로 남들처럼 가정을 꾸리고 살지 않은 것에 대한 아쉬움이 있으신 것 아닌가 싶어요. 옆에서 보면 정말 선생님은 너무 착해요. 동생들을 위해 가장으로서 평생을 헌신하셨죠. 일과 가족을 위해 최선을 다하는 모습은 저에게도 많은 귀감이 됐어요.

진수인

발레 무용가

진수인은 전 국립발레단 수석 무용수이자 한국 최초의 발레리나 진수방의 조카인 발레 무용가다. 그녀는 1950년대 부민관에서 열린 고모 진수방의 공연 〈카르멘〉을 지금도 생생히 기억한다. 이때 의상이 바로 노라노가 제작한 의상. 반세기가 훌쩍 넘었지만 그날의 발레 공연과 의상은 일생을 통틀어 가장 인상적인 기억 중 하나다.

어린 저는 고모가 무대에 선다니까, 어른들을 따라갔죠. 그런데 카르멘으로 분한 고모가 무대에 등장하자 숨이 멎는 줄 알았어요. 한 번도 보지 못한 정말 아름다운 발레복을 입은 고모가 등장한 거예요. 그런 옷을 입었는데 춤이 이상할 리 없죠. 지금도 잊히지 않는 참 아름다운 카르멘이었어요.

어린 시절 진수인은 고모 진수방을 따라 노라노의 명동 매장 '노라노의 집'을 자주 방문했다. 발레복은 물론 평상복도 노라노의 옷을 즐겨 입었던 진수방은 직접 발레복도 지어 입을 정도로 센스가 좋았다.

어린 저야 고모를 따라 '노라노의 집'에 가면 지루하기만 했죠. 어른들끼리 대화를 한참 하시니까요. 그런데 참 그곳은 별세계구나 하는 생각은 들었어요. 당대의 유명한 톱스타들도 많이 왔고, 어느 곳에서도 보지 못한 멋진 옷감과 옷이 가득했거든요. 그때 노라노 선생님의 명성은 어린 저도 충분히 알 정도였어요. '디자이너' 하면 '노라노'가 대명사처럼 불렸죠.

아
티
스
트
、

노
라
노

1949년 귀국, 의상실 개업

> 미국에서 한국으로 돌아갈 때 다들 만류했어요. 왜 잘사는
> 미국에서 눌러살지, 못사는 한국으로 돌아가냐 의아해했죠.
> 곧 한반도에 전쟁이 일어난다는 얘기도 들었고요. 그러나 저
> 풍요로운 미국에서 나 혼자 잘사는 건 옳지 않다는 생각이
> 들었어요. 남들이 못 하는 공부를 미국까지 와서 했으니, 어
> 떤 형태로든 고국에 돌아가 남들에게 '도움이 되는 사람'이
> 되어야겠다고 생각했죠.

당시 단어조차 생소하던 '패션'을 배우기 위해 미지의 세계로
떠난 노라노. 유학 2년 차를 맞은 1948년 가을, 당시 한국의 정
세는 위태로웠다. 10월에는 여순 사건이 일어나면서 수많은 민
간인들이 희생됐고, 좌우 이념의 대립은 더욱 격화됐다. 노라노
의 집안도 풍비박산이 났다. 외조부가 남긴 재산 덕분에 부유했
던 집안은 아버지가 경영하던 제약 회사가 부도가 나면서 한순
간에 빈털터리가 됐다. 집안을 돌보기 위해 그녀는 당초 일정보
다 귀국을 앞당긴다. 노라노가 한국으로 돌아갈 채비를 하자 미
국의 지인들은 강력하게 만류했다. 그러나 결심이 확고했던 노라
노는 흔들리지 않았다.

귀국 당시에도 그랬고 이후에도 사람들은 노라노에게 무수히
묻는다. 왜 한국으로 돌아왔느냐고. 1940년대 당시, 미국은 기회

의 땅이자 천국같이 생각되던 곳이었다. 가고 싶어도 갈 수가 없어서 문제인 곳이지, 거기에 일단 발을 디뎠고 살아갈 방도가 있는 사람들은 돌아오지 않을 때였다. 게다가 그녀가 귀국한 1949년의 한국은 그야말로 아수라장이었다. 극동의 한반도는 미국과 소련으로 대표되는 양 진영이 첨예하게 대립해 언제 전쟁이 터질지 모르는 화약고였다. 특히 그녀의 재능과 성실성을 높이 평가한 회사 대표 미스터 타박은 계속 일해줄 것을 부탁하며 미국에 남는다면 여러 지원도 아끼지 않겠다는 뜻을 밝혔다. 아시아 정세에 밝았던 미스터 타박은 노라노에게 한반도에서 곧 전쟁이 일어날 것이라는 정보도 전했다. 미국에서의 삶보다 더 열악한 것은 차치하더라도, 생명이 위험할 수 있는 한국으로 돌아가겠다고 하는 노라노의 결정은 모든 이들에겐 납득할 수 없는 선택이었다. 노라노를 10년 이상 취재하면서 가장 훌륭한 면모라고 생각한 지점이 여기 있다. 본인은 미처 인지하고 행동하지 않지만 노블레스 오블리주를 실행한다는 것이다. 자신이 남들에 비해 부유한 환경에서 자란 것, 그 덕분에 양질의 교육을 받을 수 있었던 것, 그리고 미국 유학까지 와서 고급 영어와 패션을 배울 수 있었던 것을 한낱 자신의 행운이며 자신이 노력한 덕분이었다고 생각하지 않는다. 일제강점기에 태어나서 해방이 되었을 당시엔 어렸지만 이젠 스무 살이 넘은 만큼 자신이 보고 배운 것을 통해 조국에 도움이 되도록 일해야겠다는 생각이 확고했다. 한국에 전쟁이 터질지도 모르니까 가지 않는다는 것은 옳지 못하단 생각이 들었다. 그리고 무엇보다 몰락한 형편임에도 엄청난

1953년 종로에 자신의 이름을 건 의상실 '노라노의 집'을 개점했을 무렵의 노라노. 디자이너로서 막 자신감이 붙기 시작했을 때다.

돈을 구해서 비행기표를 만들어주신 부모님께 이제는 자식 된 도리를 해야겠다는 생각이 절실했다. 물론 미국에서 돈을 벌어 한국으로 송금하는 방법도 있었다. 그러나 노라노는 그것 역시 비겁하단 생각이 들었다. 한국 역시 근대국가가 되려면 당연히 세계 공통의 복식을 입지 않으면 안 된다고 생각했고, 매우 드물게 미국에서 패션 교육을 받은 자신이 할 일이 분명 있을 것이라고 생각했다. 노라노에게 한국에서 패션 디자이너로 활동을 펼쳐야겠다는 결심은 일종의 소명이었다.

1949년, 2년간의 미국 유학을 마치고 귀국했다. 그러나 어떻게 어디서 시작해야 할지 막막했다. 스물두 살의 노라노는 일단 옷부터 만들기 시작했다. 고교 동창부터 유학 전 직장 상사인 스미스의 비서 페기까지, 주변 사람들의 옷을 닥치는 대로 만들었다. 페기에게 만들어준 옷을 본 주변 외국인들이 관심을 표명하기 시작하면서 노라노는 의상실 개업을 결심한다.

처음 의상실을 오픈한 곳은 바로 자택. 가족들과 함께 살던 서울 신당동 집에서 시작했다. 당시 한국에 주둔해 있던 미8군 가족들과 외국 대사관 직원들을 주요 고객층으로 잡고, 이들에게 의상실을 소개하는 홍보물을 보냈다. 관건은 실제로 봉제를 담당하는 기술자를 구하는 일이었다. 당시에 여성 양장은 전무했으므로 신사복 봉제사들을 찾아서 직접 여성복 봉제를 가르쳤다.

의상실은 개업과 동시에 인산인해를 이룰 정도로 큰 호황을 맞았다. 당시 서울에는 미군과 외국 대사관 등 적지 않은 외국인들이 있었지만 제대로 된 서양식 의복을 맞춰 입을 수 있는 곳은 찾기 힘들었다. 노라노는 '블루오션'을 제대로 찾아낸 셈이었다.

한국전쟁 발발

> 인생에서 딱 한 번, 패션을 공부한 일을 후회한 적이 있어요.
> 바로 한국전쟁 당시 부산으로 피난을 갔을 때죠. 사람들이
> 마구 죽어가는데, 패션은 도통 쓸모가 없더라구요. 패션 대
> 신 의학을 배웠으면 사람들을 살렸을 텐데……. 그때 좀 후
> 회했죠. 사람들을 직접 못 살리는 대신 영어를 할 줄 아니까
> 주변 미군 부대를 찾아가서 모르핀 등 의약품을 구해 오는
> 자원봉사를 열심히 했어요.

노라노의 첫 의상실 개업 이듬해에 한국전쟁이 터지면서 일
은 중단된다. 한창 옷 만드는 재미에 푹 빠졌던 노라노에게 전쟁
은 정말 느닷없이 다가왔다. 부산으로 피난을 간 노라노 가족들
은 당시 방송국에 근무하던 아버지 덕분에 부산방송국 관사에
서 머물 수 있었다. 부산에서 피난살이하던 중에 노라노는 육군
병원에서 부상병을 돕는 일을 맡게 된다. 의료 기술은 없었지만
영어 회화가 가능한 그녀는 인근 미군 부대에 가서 마취약 등 기
본적인 약품을 얻어 왔다.
아흔인 지금도 노라노는 아주 어릴 적 기억부터 일제강점기

학창 시절, 한국전쟁 등 인생에서 겪었던 지난한 시절의 기억이 아주 생생하다. 상황에 대한 묘사가 어찌나 세밀한지 듣는 사람이 그대로 그림을 그릴 수 있을 정도다. 그녀에게 한국전쟁은 여전히 끝나지 않은 전쟁이다. 당시 겪었던 끔찍한 현실이 눈만 감아도 그대로 재현되기 때문이다. 그녀가 자원봉사를 했던 야전병원에선 무고한 이들이 너무나 많이 숨졌다. 마취약이 없어 그대로 생살을 잘라내야 하는 일은 다반사였고, 아무 죄도 없는 어린아이들은 고통에 떨다가 결국 제대로 된 치료도 받지 못하고 목숨을 잃었다. 패션을 업으로 삼은 사실에 언제나 만족했던 노라노. 그러나 그녀 인생에서 이때 딱 한 번, 패션을 공부한 것을 굉장히 후회했다고 말한다. 패션 대신 의학을 공부했으면 전쟁에서 사람들을 실질적으로 도울 수 있었을 텐데 하는 생각이 들었던 것이다. 사람들은 죽어나가는데 마취약을 구해 오는 일 외에는 아무것도 할 수 있는 일이 없다는 것이 너무나 무력하게 느껴졌다. 그래도 조금이라도 도움이 될 수 있다는 생각에 그녀는 정말 열심히 약을 구하러 다녔다.

퇴계로 의상실을 열다

여름에 시작된 전쟁은 좀처럼 끝날 기미가 보이지 않았다. 국군에 불리해가던 전세는 9월 15일 유엔군이 인천 상륙작전을 성

1950년 부산 피난 시절 바닷가에서. 부산에서도 의상실을 열어 일을 계속했다.

공하며 극적인 반전을 이룬다. 부산에 내려와 있던 방송국도 다시 환도還都하면서 노라노 가족들도 서울로 향한다. 전쟁이 시작된 지 1년이 지난 1951년, 전선에선 전투가 계속되는 상황이지만 후방에선 일상적인 삶이 이어지고 있었다.

한국전쟁 직전 자택에서 첫 매장을 열었던 노라노는 1951년 퇴계로에 의상실을 다시 오픈한다. 전쟁이 한창인 상황에서 고급 맞춤옷을 입는 인구가 얼마나 될까 싶은 생각도 들지만 실상은 달랐다. 서울에는 주둔하고 있던 미군이 적지 않았다. 주둔한 미군을 대상으로 하는 무대에 서는 연예인들 수가 상당했다. 이들은 고급 맞춤옷의 주요 소비층이었고, 여기에 각종 극장 쇼와 연극 무대에 서는 가수와 배우 들도 옷이 필요했다. 퇴계로에 있는 한 빌딩 2층에 50평 남짓한 공간을 빌려서 한쪽은 옷을 직접 생산하는 작업실로, 나머지는 매장으로 꾸몄다.

노라노에겐 평생 일복과 손님 복이 있는 걸까? 신당동 자택도 의상실을 연 첫날부터 손님이 밀려왔는데 이곳 역시 마찬가지였다. 첫날 문을 열자마자 기다렸다는 듯이 손님이 들이닥쳤다. 첫날 손님은 귀부인 세 명. 당시 한국은행 간부들의 부인으로, 이들은 이날부터 50년 넘게 노라노의 옷을 입는, 가장 충성도 높은 단골이 된다.

1953년 비공개 패션쇼

> 돌이켜보면 전쟁이 한창인데도 참 굴하지 않고 옷을 만들었다 싶어요. 전쟁 직전에 의상실을 오픈했고, 피난 간 부산에서도 의상실을 열었으니까요.

그러던 어느 날, 미국 NBC 방송에서 그녀를 찾아왔다. 전쟁 중에도 한국 문화는 여전히 살아 있다는 주제로 노라노 패션을 취재하고 싶다는 요청이었다. 미국에서 유학을 했던 노라노는 모델들이 옷을 입고 나와 보여주는 패션쇼에 익숙했다. 자신의 패션을 가장 효과적으로 보여줄 수 있는 방법이라 여기고 바로 준비에 돌입했다. 1956년에 반도호텔에서 공식적으로 노라노가 주최하는 국내 첫 패션쇼가 열리지만, 그보다 3년 앞서 NBC 보도를 위해 비공개로 열린 이 쇼가 사실상 한국 최초의 패션쇼인 셈이다. 이 쇼를 위해 노라노는 트렌드를 제시할 만한 디자인을 준비했고, 모델은 연예인 고객 중에서 선정해 워킹 연습도 따로 시켰다. NBC 방송을 위한 쇼인 만큼 목적에 맞게 비공개로 열었다. NBC는 미국과 비교해도 손색없는 수준 높은 패션에 격찬을 아끼지 않았다.

문제는 엉뚱한 곳에서 터졌다. 다음 날 〈동아일보〉에 "전쟁이 한창인데 여성들이 야한 옷을 입고 이상한 행사를 한다"라며 패션쇼를 비난하는 기사가 났던 것. 비공개 패션쇼에 입장을 거부

위 미군, NBC 취재진 등 관객들이 흥미롭게 패션쇼를 관람하고 있다.

아래 1953년 NBC 보도를 위한 비공개 패션쇼가 끝나고 모델들과 함께한 노라노. 왼쪽에서
네 번째.

당한 기자가 쓴 기사였다. 노라노는 적지 않게 화가 났다. 정성을 다해 만든 쇼를 그렇게 폄하하는 것이 서운하기 그지없었다. 언제나 노라노를 지지하는 아버지는 열이 받아 펄펄 뛰는 노라노에게 따뜻하지만 엄중한 충고를 한다. 한국에선 패션, 디자이너, 패션쇼에 대한 개념 자체가 일천한 형국이니 그 정도의 보도는 놀랄 일도 아니라는 요지였다. 또 부정적인 기사라도 '패션 디자이너 노라노'라는 존재를 알리는 것만으로도 시작하는 단계인 너에게는 이득이라는 사실도 일깨워주었다. 일단 보도만 되면 존재감이 높아진다는 미디어의 속성을 아주 잘 파악한 현명한 충고였다. 이때 아버지의 충고는 두고두고 노라노에게 지침이 되었다.

전쟁 중에도 일상은 계속된다

1950년대 연극계는 경제적으로 정말 어려웠지만 낭만이 있었어요. 돈은 없었지만 그들에겐 예술가라는 자긍심이 넘쳤죠. 어린 시절, 책을 참 좋아했던 저는 셰익스피어 작품 의상을 만들면서 참 행복했어요. 무대의상은 일반 사람들을 위한 옷과 다른 성격의 성취감을 줬죠. 활자로 된 인물들의 캐릭터를 분석해서 그들의 역할에 맞는 옷을 디자인하는 작업은 상상력이 필수죠. 그렇게 상상의 날개를 뻗어가는 작업이 참

유익했어요.

휴전협정이 일어난 1953년, 한반도에서 노라노만큼 바빴던 여성이 또 있었을까. 비공식이지만 이 땅 최초의 패션쇼를 개최했는가 하면 번화가인 종로에 의상실을 열어 상류층에 국한됐던 고객층을 일반 시민들에게까지 대폭 확대했다. 여기에 연극 의상도 담당하면서 전후 한국 예술사에도 큰 비중을 차지하는 아티스트로서 존재감을 드러낸다.

전후 세대에게는 한국전쟁이 한창인 시기에 의상실을 열고 디자이너로서 활동했다는 이야기가 선뜻 믿어지지 않을 수 있다. 전쟁 통에 그런 일이 가능할까? 그러나 그건 전쟁을 경험하지 않은 데서 온 편견이다. 전쟁 중에도 사람들의 삶은 계속된다. 치열한 전투가 벌어지는 격전지를 조금만 벗어나도 시장이 서고, 임시 학교가 문을 열고, 아기가 태어난다. 전쟁 자체가 일상적 상황이 되는 것이다.

한국전쟁 발발 반년 전인 1950년 1월에는 국립극장 전속 극단 '신협', 즉 신극협의회가 창단한다. 창단 당시 중심 인물은 일본에서 함께 정통 연극을 전공한 이해랑과 김동원, 그리고 훗날 한국을 대표하는 영화배우가 되는 최은희, 나중에 탤런트로 활발하게 활동한 황정순 등이었다. 신협은 〈원술랑〉 등 창작극은 물론 셰익스피어 작품들을 전쟁 중에도 공연했던 유일한 극단이었다.

전쟁이 시작된 지 3년이 지난 1953년. 그해 8월엔 휴전 협정이 맺어져 일단 남과 북이 서로를 겨누던 포성은 멈춘다. 대한민

위　　1950년대 노라노가 제작한 사극 의상. 고증도 어렵고 실크 등 비싼 옷감을 써야 하는 경
　　　우가 많았지만, 노라노는 흔쾌히 맡았다.

아래　연극 〈햄릿〉에서 주연을 맡은 김동원. 이 옷이 모친 이옥경의 벨벳 치마로 만든 의상이다.

국 정부가 서울에 환도한 이후 세상은 정신없이 돌아갔다. 전쟁은 중단됐지만 국립극장은 제 기능을 할 수 없는 상태였다. 신협의 핵심 멤버들은 독자적으로 무대에 작품을 올리며 예술 활동을 멈추지 않았다. 바로 이때 신협의 상당수 작품의 의상을 담당한 이가 바로 노라노였다.

사실 지금도 연극계는 경제적으로 어려운 극단이 적지 않다. 지금으로부터 70년 전, 그것도 전쟁 직후에 작품을 올리는 극단의 재정 상황은 형언키 어렵게 열악했다. 경제적인 측면만 생각한다면 연극 의상을 제작하지 않는 것이 남는 것이었다. 그러나 문학과 예술을 좋아했던 노라노는 연극 의상 디자인을 기쁘게 맡았다. 자신을 감동에 빠뜨렸던 셰익스피어 작품 속의 인물들 의상을 만든다는 것은 노라노의 예술적 열정을 일깨우는 가치 있는 일이었다.

가수 김세환 부친이기도 한 연극배우 김동원은 특히 노라노와 환상의 호흡을 자랑하는 파트너였다. 당시 신협에서 배우로 활동하는 동시에 재정 담당이었던 김동원은 작품을 올리기 전 노라노와 길고 긴 회의를 했다. 셰익스피어 작품의 경우는 의상이 절대적으로 중요한데 예산은 턱없이 부족했기 때문이었다. 대본에 대한 이해력이 뛰어난 그녀에게 대본을 건네주는 동시에 작품에 쓸 수 있는 예산을 알려주며 최소한의 돈으로 만들 수 있는 최적의 의상을 부탁했다. 이런 부탁이 난감할 만도 한데, 그녀는 이런 협업이 참 즐거웠다고 회고한다. 돈이 될지 안 될지를 따지지 않고, 최고의 무대를 위해 각자 맡은 영역에서 최선을 다하던 순수의 시대였다.

연극을 위해 노라노는 어머니가 아끼던 최고급 벨벳 치마로 햄릿 의상을 만들기도 했고, 햄릿 어머니인 왕비 의상은 미군 무기 포장지를, 장군 오셀로의 망토는 미군 담요를 이용해 제작했다. 원하는 원단을 살 만큼은 돈이 없었지만, 다양한 아이디어들로 멋진 무대가 완성됐다. 〈한여름 밤의 꿈〉 같은 연극 의상에 열중하며 아티스트 노라노의 삶은 깊어가고 있었다.

아버지의 죽음

저희 아버지는 아마 요즘도 그런 아버지를 찾기 어려울 만큼 민주적이고 자애롭고 탈가부장적인 분이셨죠. 1920년대에 아내를 위해 주말이면 요리를 하고, 자녀를 돌봤어요. 지금 으로부터 이미 100년 전에 성평등적 삶을 몸소 실천한 분인 거죠. 이혼한 딸에게도 미국 유학을 독려하면서 자신의 삶을 찾으라고 따뜻하게 지지를 해주셨던 분이고, 아내를 끔찍하게 아끼고 가정을 최우선으로 생각한 완벽한 남편이자 아버지이자 사위셨어요. 아버지가 돌아가시고 전 결심했어요. '그래, 이제 내가 우리 가족을 책임져야 한다.' 사실 돌아가시기 직전인 아버지와 굳은 약속을 했거든요. "아버지, 남은 가족들은 저만 믿으면 됩니다. 그러니 걱정 마세요."

자신의 이름을 내건 의상실이 어느 정도 자리를 잡기 시작한 1955년, 노라노는 아버지를 잃는다. 그녀가 이혼을 했을 때도, 미국에 간다고 했을 때도, 언제나 전폭적인 지지를 아끼지 않았던 아버지였다. 정신적 지주였던 아버지의 죽음은 그녀에게 매우 큰 충격으로 다가왔다. 또한 아버지의 죽음은 그녀가 9남매, 그리고 외조모와 어머니까지 대가족의 생계를 이끄는 유일한 사람이 됐음을 의미했다. 물론 미국 유학 전엔 피엑스 등에서 일해 번 수입으로 생계를 책임졌고, 의상실을 연 이후엔 어머니가 의상실 경영을, 노라노는 옷 만드는 일에 전념하면서 집안을 일으켰다. 실질적인 가장 역할을 이미 하고 있었지만, 노라노에게 아버지는 존재만으로도 힘이 되는 사람이었다. 아버지의 죽음을 기점으로 노라노는 명실상부하게 집안의 가장이 됐다. 그녀는 더욱 강해졌고, 더욱 일에 매진했다.

바로 위의 언니는 결혼을 했고, 밑으로 일곱 명의 동생이 있었다. 이때부터 그녀는 7남매를 전부 교육시키고, 이후 결혼까지 시켰다. 동생들이 원하는 공부는 다 지원했기에 대부분 미국 유학을 갈 수 있었다. 1950년대에 여성으로서 홀로 자기 업을 일궈서 일곱 명의 동생을 전부 돌보기까지 그녀가 얼마나 열심히 일했을지는 쉽게 짐작이 간다.

나의 어머니

전 제 자신이 대단하단 생각은 하지 않아요. 하지만 저희 어머니는 대단함을 넘어서서 위대하단 생각을 합니다. 저에게 조금이라도 대단한 부분이 있다면, 그건 모두 어머니 덕분입니다. 전 디자인만 할 줄 알았지, 돈을 착실하게 모으고 관리하는 일은 젬병이었죠. 의상실 '노라노의 집' 시작과 함께 모든 돈 관리는 어머니께 일임했죠. 전 택시를 보면 타고 싶고, 맛있는 음식을 보면 먹고 싶고, 예쁜 것을 보면 사고 싶은, '건달' 끼가 다분한 아이인데, 어머니는 달랐죠. 돈을 허투루 쓰신 적이 없는 분이셨지만, 또 꼭 써야 할 부분에는 과감하게 쓰시는 분이었어요. 제가 1956년 유럽 연수를 갈 때도 서울의 좋은 집 몇 채를 살 수 있을 만큼 엄청난 비용이 들었지만 눈 하나 깜짝하지 않으셨죠. 패션의 본고장에서 많이 보고 더 배워 와야 더 좋은 옷을 만들 수 있다는 사실을 아셨던 거죠. 현명한 어머니를 반만이라도 닮았으면 참 좋았을 텐데…… 언제나 어머니가 참 보고 싶어요.

1901년에 태어난 노라노 어머니 이옥경은 삶 자체에 한국 근현대사의 파란만장한 굴곡이 고스란히 담긴 영화 같은 인생을 살았다. 표면상으로는 굴지의 명문가이자 자산가의 딸로 태어나 일본 유학을 마친 인텔리이자 한국 최초의 여성 아나운서까지

된 신여성이지만 한편으론 인생의 아픔을 무수히 겪어야 했다. 막내를 임신하고 전차에 승차하다 사고로 다리를 심하게 다친 이후 평생 보행이 불편했고, 남편을 잃은 후엔 노라노와 함께 9남매를 책임져야 했다. 몸의 장애에다 9남매를 책임져야 하는 삶이었지만 그녀는 흐트러진 모습을 보인 적이 없었다고 노라노는 기억한다. 자신이 근면히 생활하는 데는 어머니의 영향이 절대적이었다고 말한다. 노라노 패션에 대한 가장 냉철한 비평가도 어머니였다. 패션쇼에 나온 디자인이나 옷감, 노라노가 입은 패션에서 시정할 부분을 정확하게 지적했다. 그녀는 자신이 패션에 대해 남다른 심미안을 가질 수 있었던 것은 모두 외가, 특히 어머니 덕분이었다고 생각한다. 그러나 그녀가 어머니에게 더욱 감사한 부분은 따로 있다. 젊은 시절 많은 돈을 벌어 자칫 방만하게 살 수도 있는 삶이었는데, 그녀의 어머니는 언제나 곁에서 삶에 대한 균형 감각을 유지할 수 있게 중심을 잡아주었다. 일에만 매진하느라 두 번째 남편의 청혼을 받고 결혼을 고민할 때도, 여자로서의 행복도 중요하다며 재혼을 권유한 것도 어머니였다. 어머니의 딸인 사실이 언제나 참 가슴 벅차고 자랑스러웠다는 노라노. 위대한 사람 뒤에는 그보다 더 위대한 어머니가 존재한다.

유럽 연수

한국전쟁 발발 3년 전인 1947년, 단신으로 미국 유학을 감행했던 그녀는 전쟁이 휴전한지 3년 뒤인 1956년, 이번에는 유럽으로 향한다. 그때나 지금이나 패션의 본고장하면 떠오르는 곳은 역시 프랑스 파리.

노라노의 특징은 언제나 인생에서 약간의 안정기에 접어들었다 싶은 순간에 새로운 도전을 시작한다는 것이다. 미국 유학 시절, 낯선 이국에 좀 적응됐다 싶을 때 과감하게 유학 생활을 접고 한국으로 돌아왔던 것처럼 말이다. 의상실이 어느 정도 자리를 잡자 그녀는 어릴 적부터 꼭 가보고 싶었던 파리로의 연수를 준비한다. 10개월 넘게 프랑스어 공부를 하고 나서, 그녀는 파리의 한 미술 학교(아카데미 쥘리앵)에서 연수를 할 수 있는 초청장을 받았다. 연수를 떠날 때 일단 가져간 돈은 무려 5000달러. 1956년에는 서울에서 집 두 채를 살 수 있을 만큼의 거액이었다.

> 당시 파리는 지금의 파리와는 천양지차로 달랐어요. 그때는 거리마다 예술적 낭만이 넘쳤죠. 파리의 상징인 샹젤리제 거리에는 자신들의 개성을 지켜나가는 전통적인 부티크들과 카페들이 가득했어요. 그러나 지금은 대형 패스트패션 업체들과 거대 기업에 자리를 내주며 특유의 매력을 잃은, 명품 브랜드만 가득한 곳이 됐죠. 예술적 정취가 가득했던 1950년

1956년 유럽 연수를 다녀온 노라노와 이를 축하하며 공항에 모인 가족과 친구들.

대 파리가 그리워요.

1956년 봄부터 가을까지 약 반년간의 파리 연수 동안 노라노는 유럽 각국을 여행한다. 프랑스는 물론 스페인, 이태리, 스위스까지 유럽 전역을 돌면서 당시 유럽의 패션과 문화를 온몸으로 체험하는 귀중한 경험을 한다.

사실 노라노는 패션 디자이너이기에 앞서 그 자신이 누구보다 뛰어난 '패셔니스타'였다. 그녀의 스타일은 패션의 중심 파리에서도 빛을 발했다. 모자와 선글라스에 긴 장갑까지 긴 멋쟁이 동양 여성은 파리에서도 보기 드문 광경이었다. 거리에 나서면 파리지앵들의 시선을 한몸에 받는 경우가 다반사였다. 파리 연수 시절, 그녀는 파리의 고급 맞춤옷 패션쇼인 '오트쿠튀르'도 직접 참관한다. 발렌시아가, 크리스티앙 디오르, 니나리치 등 지금도 명성을 자랑하는 패션하우스의 쇼를 직접 보면서 '하이패션'의 정수를 보고 배웠다.

패션 철학의 확립

스무 살, 미국 유학을 가서 절실히 깨달은 사실이 있어요. 패션은 단순한 문화가 아닌 산업이라는 것을 알았죠. 패션 산업이 부흥하기 위해선 근간이 되는 옷감의 국산화가 필수입니다. 수입 원단에 의존해서는 패션 강국이 될 수 없으니까요. 힘들어도 성에 차지 않아도 반드시 국산 옷감으로 만들어야겠다고 결심했죠.

반년간의 달콤했던 유럽 연수가 끝나고 1956년 가을 서울로 돌아온 노라노. 그녀는 유럽에서 보고 배운 것들을 어떻게 한국에서 접목할 것인지를 깊게 고민한다. 특히 그녀는 패션의 시작인 옷감에 주목했다. 서구에서 비롯된 패션 산업이 이미 전 세계적으로 중요한 산업이자 문화의 일부가 됐다는 사실을 유학과 유럽 연수를 통해 실감하고, 그렇다면 그런 패션을 한국에 어떻게 뿌리내리게 할 것인가에 집중한 것이다.

그녀가 내린 결론은, 패션의 주요한 부분은 당연히 서구로부터 보고 배우는 것이 맞지만, 옷감만큼은 이 땅에서 생산된 것을 써야 한다는 것이었다. 패션 강국이라 불리는 이탈리아도 자국의 땅에서 생산된 뛰어난 품질의 옷감으로 세계 시장에서 우뚝 설 수 있었다. 아무리 옷을 잘 만들어도 패션의 기본인 옷감을 외국에서 가져와 한국인들에게 입히면 산업적으로 계속 외국에 예속될 수밖에 없다는, 즉 패션 식민지밖에 안 된다는 자각에 도달했다.

노라노는 철저하게 서구에서 온 문화이자 산업인 패션을 받아들였지만 동시에 자신의 철학을 가미했다. 패션이 문화인 동시에 산업이라면 한국에 들어온 패션은 한국의 문화와 산업에 맞게 재편되어야 했다.

연수 후, 국산 옷감으로 실용적이면서도 기품 있는 옷을 만들겠다는 패션 철학을 굳혔다. 실제로 자신부터 그런 옷을 입었다.

그녀가 그저 낭만을 좇는 사대주의적인 디자이너였다면 아마 자신 패션의 완성도를 위해 외국의 원단만을 고집했을 것이다. 그러나 그녀는 완전히 반대로 생각했다. 우리나라에서 패션이란 장르가 꽃을 피우려면 반드시 우리 땅에서 생산된 원단으로 만들어야 한다는 철칙을 이미 20대 중반에 세워, 디자이너로서 이름을 얻기 시작한 이후부터 계속 지켜나간다.

20대 말에 다녀온 유럽 연수는 노라노의 패션에 지대한 영향을 미쳤다. 유럽에 다녀온 뒤 노라노 패션의 전체를 관통하는 매우 중요한 콘셉트가 정해진다. 그것은 바로 미국의 실용적인 기성복에 유럽 특히 파리의 맞춤복(오트쿠튀르)의 고급스러움을 가미한 '노라노 패션'을 확립한 것이다. 사실 1950년대는 아직 한국에서 패션이라는 개념도 성립되지 않은 상황이었다. 서양 옷은 맞춰서 입는다는 개념 정도가 일반적이었는데 그녀는 거기서 한 단계, 아니 여러 단계를 건너뛰었다. 아예 기성복이라는 개념조차 없는 나라에서 기성복에다 맞춤복의 고급스러움을 더한다는 노라노의 발상은 상당히 혁신적이었다.

크리스토발 발렌시아가

패션 이야기를 좀 더 해보자. 노라노가 가장 존경하는 디자이너는 누굴까? 샤넬도, 지방시도, 입생 로랑도 모두 좋아하지만,

그녀가 최고라 생각하는 디자이너는 바로 발렌시아가다.

스페인 태생의 크리스토발 발렌시아가Cristóbal Balenciaga, 1895~ 1972는 제2차세계대전 이후 파리 패션계를 이끈 대표적 디자이너다. 같은 시기 파리 오트쿠튀르를 장악한 크리스티앙 디오르가 "발렌시아가만이 완벽한 의상을 만들 수 있다. 그는 우리 모두의 스승이다"라고 극찬할 만큼 패턴이 완벽하고 귀족적이면서 아름다운 디자인의 옷으로 유명했다. 샤넬 또한 발렌시아가만이 디자인, 재단 봉재까지 모든 의상 과정을 홀로 해낼 수 있는 완벽한 장인인자 예술가라고 극찬했는데, 이 부분은 상당히 노라노와 비슷하다. 노라노 역시 디자인부터 패턴까지 모두 해낼 수 있는 디자이너이기 때문이다.

왕위를 포기하고 사랑을 택한 윈저 공작부인의 아내 심프슨 부인, 세기의 배우 잉그리드 버그먼, 마를레네 디트리히 등 당대 가장 옷을 잘 입기로 소문난 이들이 발렌시아가의 고객이었다. 노라노가 발렌시아가를 최고라 평가하는 이유는 완벽을 추구하는 태도와 뛰어난 완성도 때문이다. 최고의 옷을 위해서 절대 타협하지 않는 자세, 그리고 판탈롱, 튜닉 등 오늘날에도 사랑받는 중요한 패션 아이템의 상당수가 모두 발렌시아가가의 손에서 창조됐다.

당대 예술가와의 만남

> 파리로 가는 비행기에서 우연히 만난 윤이상 선생은 참 신
> 사답고 분위기 있는 남자였어요. 말수는 많지 않은 전형적인
> 경상도 남자였지만, 공항에서 나와 찬 바람이 불자 입고 있
> 던 재킷을 저에게 살며시 걸쳐주었죠. 음악에 대한 열정을 얘
> 기하던 그의 진지한 얼굴은 지금도 잊을 수가 없어요. 뛰어난
> 예술가였고 고국을 사랑했던 그가 훗날 간첩 혐의를 받아 옥
> 고를 치르고 독일에 망명할 수밖에 없었던 현실은 가슴 아픈
> 우리 현대사의 비극이죠.

　여로旅路에선 뜻하지 않은 일이 벌어지고, 우연한 만남도 일어
난다. 지금은 모두 작고한, 역사책에서나 만날 수 있는 거장들을
그녀는 유럽 여행길에서 조우한다.

　처음 만난 거장은 바로 한국이 낳은 세계적인 작곡가 윤이상.
1956년에 파리로 가는 길은 멀고도 멀었다. 당연히 직항은 없었
고, 서울에서 여덟 시간이 걸려 도착한 홍콩에서 파리행 비행기
로 갈아타야 했다. 홍콩에서 파리를 가는 데만 2박 3일이 걸렸
다. 중간에 급유를 위해 이란 테헤란 공항에 착륙했을 때 그녀는
같은 비행기에서 음대 강사를 하다가 클래식 음악을 배우러 간
다는 한국인 남성을 만난다. 그가 바로 윤이상이었다.

　먼 이국으로 가는 길에는 감상적이 되는 걸까. 처음 본 노라노

에게 윤이상은 자신의 필생의 꿈을 들려준다. 그의 소망은 『춘향전』을 오페라로 만들어 세계인의 심금을 울리겠다는 것. 처음 만났지만 그녀는 그의 음악에 대한 진정성만큼은 한눈에 알아봤다. 파리에 도착한 두 사람. 노라노가 호텔 예약을 하려고 공중전화로 향하자 윤이상도 자신이 묵을 방의 예약을 부탁한다. 노라노가 예약한 호텔은 파리 그랜드호텔. 전설적인 여배우 그레타 가르보가 보석을 훔치려고 접근한 도둑과 사랑에 빠지는 발레리나로 나왔던 영화 〈그랜드 호텔Grand hotel〉(1932)의 배경이 되는 고급 호텔이었다. 숙박비는 엄청났다. 노라노를 따라온 윤이상 선생은 다음 날 매우 비싼 호텔비를 확인하고 놀라서 체크아웃을 한다. 새벽에 노라노의 방으로 전화를 건 윤이상은 이 호텔 하루 숙박비가 자신의 한 달 생활비라고 고백하고는 노라노의 행운을 빌며 떠났다. 수십 년 후 윤이상은 전 세계가 인정하는 작곡가로 우뚝 선다. 독일 방송과 평론가들이 선정한 '20세기 가장 중요한 작곡가 30인' '유럽에서 현존하는 5대 작곡가' 등으로 꼽히며 동양 사상을 담은 오페라 〈심청〉으로 세계 음악사의 새로운 장을 연 작곡가라는 찬사를 받는다.

윤이상에 이어 만난 거장은 가수이자 영화배우인 프랭크 시나트라. 이 할리우드 스타를 만난 곳은 스페인 마드리드, 플라멩코 공연이 가장 훌륭하다는 클럽에서였다. 플라멩코를 보러 온 노라노가 이 클럽에 우연히 들른 시나트라와 딱 마주친 것. 당시 유럽의 클럽에서는 꽃을 파는 사람이 있었다. 시나트라는 장미를 사 들고 노라노에게 와서 건네며 어디서 왔는지 물었다. 한국

위   유럽의 어느 고성에서 포즈를 취한 노라노.
아래   스페인 마요르카에서 안익태 부인과 함께한 노라노.

에서 왔다고 말하자 시나트라는 신기한 표정을 지었다. 동족상잔의 비극인 한국전쟁으로만 기억될 나라에서 이런 멋쟁이 아가씨가 왔다는 것이 믿기 힘든 눈치였다. 시나트라에게 장미꽃을 선사받은 기억을 노라노는 60년이 지나도록 감미롭게 기억하고 있다.

윤이상과 프랭크 시나트라에 이어 만난 거장은 〈애국가〉 작곡가인 안익태 선생. 당시 안익태는 스페인 마요르카 섬에 거주하고 있었다. 이 섬은 유럽에서도 풍광이 아름답기로 소문난 휴양지. 노라노와 일행은 바르셀로나에서 배를 타고 섬에 도착해 안익태 가족들과 즐거운 한때를 보낸다. 스페인 태생의 여성과 결혼해 2녀를 둔 안익태는 고국에서 온 손님들을 크게 환영했다. 유럽에서 정상급 예술가로 인정받고 있었지만 고국에 대한 그리움과 향수는 어쩔 수 없기에 노라노 일행을 더욱 반겼다. 정이 많은 노라노는 헤어지면서 안 선생의 두 딸에게 자신이 지니고 있던 금 브로치와 팔찌를 선물했다. 아버지 고국 사람은 처음 본다며 좋아하는 딸들에게 무엇이라도 주고 싶은 마음이었다. 아름다운 섬 마요르카에서 만난 안익태 선생의 가족과 보낸 즐거운 시간을 노라노는 인생의 잊지 못할 추억으로 간직하고 있다.

1956년 역사적인 한국 최초의 패션쇼

> 오늘의 주인공인 패션 디자이너 노라노 여사는 일찍이 미국
> 에서 패션 공부를 하고 돌아와 서울에서 부티크를 열어 활발
> 한 활동을 하고 계십니다. 이번에는 유럽을 돌며 파리에서 패
> 션 연수를 하고 돌아와 우리나라 최초의 패션쇼를 열게 되었
> 습니다. 노라노 여사가 강조하고자 하는 것은 오늘 선보이는
> 의상들의 소재가 100퍼센트 국산이며 우리나라에서 처음으
> 로 생산된 모직 원단이라는 점입니다. 그러면 지금부터 노 여
> 사가 자랑스럽게 여기는 우리 옷감으로 만든 의상들을 여러
> 분에게 소개해드리겠습니다.
>
> —1956년 노라노 패션쇼 개막 인사 중에서

유학에서 돌아온 뒤 6년간 정신없이 옷 만들기에 전념하던 노
라노는 20대 말 한국 최초의 패션쇼를 기획하게 된다. 미국에서
유학하며 패션쇼를 통해 다음 시즌의 유행을 제안하고 디자인
철학을 소개하는 것이 당연하다는 사실을 익힌 노라노. 자신의
이름을 건 의상실 '노라노의 집'이 어느 정도 자리를 잡자 당연
히 패션쇼를 떠올리게 된다. 지금이야 패션쇼라는 이벤트가 너
무나 당연한 것이라서 패션에 문외한인 이들도 무엇인지 알지만,
60년 전 이 땅에선 패션쇼란 대체 뭘 한다는 것인지 가늠이 안
되는 이벤트였다.

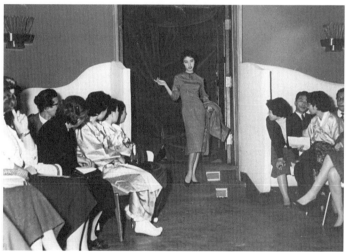

1956년 서울 반도호텔에서 열린 노라노 패션쇼와 패션쇼가 끝나고 꽃다발을 받는 노라노.

노라노 패션쇼의 주요 작품들. 60년 전 옷들인데 지금 봐도 멋스럽고 패턴이 완벽하다.

일단 패션쇼를 하기 위해선 국산 원단을 찾는 일이 급선무였다. 패션쇼를 열면서 외국 옷감으로 옷을 만드는 것은 의미가 없다고 생각했기 때문이다. 다행히 모직 원단을 생산하기 시작한 고려모직을 통해 상당한 양의 패션쇼에 쓸 옷감을 구할 수 있었다. 물론 당시 막 생산을 시작한 국산 원단의 수준이 만족스럽진 않았다. 그러나 전쟁의 참화를 딛고, 패션 산업을 키워보겠다는 신진 디자이너의 열정, 그리고 그런 디자이너의 요구에 맞춰 최선을 다했던 고려모직 생산 관계자들의 노력 덕분에 첫 패션쇼는 순조롭게 진행됐다.

국내에서 사상 최초로 열리는 패션쇼 장소는 현재 명동 롯데호텔 자리에 있었던 반도호텔 그랜드볼룸으로 정했다. 옷이 준비되자 패션쇼 모델 섭외에 나섰다. 당시엔 모델이라는 직업의 개념조차 없을 때였다. 노라노 부티크의 고객들, 미스코리아, 배우까지 패션쇼 모델로 나섰다. 패션쇼는 크게 1부와 2부로 진행됐다. 1부는 국산 모직 원단으로 제작된 코트, 정장, 원피스 등 실생활에서 입을 수 있는 옷 위주로 구성됐고, 2부는 역시 국내 생산 견직물로 만든 드레스로 꾸몄다.

원래 패션쇼는 옷을 직접 구매할 바이어들과 홍보, 미디어 관계자들을 초청하는 것이 일반적이지만 노라노는 획기적으로 일반인들을 대상으로 티켓을 판매했다. 패션쇼의 음악은 당대 최고의 연주자이자 작곡가였던 박춘석이 직접 피아노 반주를 담당했다. 사회는 문인이었던 이진섭과 영화감독 이봉래가 1부와 2부를 나눠서 맡았다. 패션쇼는 크게 성공했고, 노라노는 이에 힘

입어 다음 해인 1957년에도 반도호텔에서 국내 두 번째 패션쇼 이자 동시에 본인의 두 번째 패션쇼를 성황리에 치른다.

노라노 개인의 인생에서도 1956년 패션쇼는 매우 뜻깊은 일이지만, 한국 패션 역사에도 이 쇼는 기념비적인 행사였다. 한국 패션의 시작을 알리는 최초의 패션쇼였기 때문이다. 이 쇼를 통해 노라노는 한국 패션 디자이너 1호로 규정된다. 서구의 패션을 만든 이들은 이전에도 있었지만, 정식으로 패션을 공부하고 자신의 독창적인 디자인으로 패션쇼를 연 인물은 노라노가 처음이기 때문이다. 특히 이 쇼가 더욱 의미를 가지는 것은 쇼에 쓰인 원단들이 모두 국산이라는 점이다. 이 쇼를 계기로 노라노는 전무후무한 한국 최초이자 최고의 패션 디자이너로서의 행보를 가속화한다.

대중문화에서 인생을 배우다

지금은 사라졌지만 1950, 1960년대는 극장 쇼가 엄청난 인기를 끌었죠. 쇼의 호스트인 쇼맨과 쇼걸에 악단까지 갖춘 극장 쇼는 사람들에게 선풍적인 반응을 일으켰어요. 일제에 해방된 지 불과 5년 만에 동족 간의 전쟁을 3년 겪으며 사람들은 즐거울 일이 없었거든요. 그런 이들에게 쇼는 신나는 춤과 노래로 지친 몸과 마음을 달래주었어요. 엄숙한 분들 중엔 극장쇼가 무슨 예술이냐며 폄하하는 분들도 있었지만, 전 대중에게 기쁨과 즐거움을 준 극장쇼가 중요한 대중문화의 하나로 평가받아야 한다고 생각해요. 쇼에 서는 엔터테이너들은 저마다 자신의 업에 최선을 다했어요. 저 역시 그들의 무대 의상을 만드는 일에 열정을 쏟았죠.

1950, 1960년대 노라노는 연극 의상에만 매진한 것이 아니었다. 순수예술인 발레와 국악은 물론 폭발적으로 인기를 끈 대중쇼까지 장르를 가리지 않고 무대의상을 만들었다. 유학을 통해 서구의 대중문화를 일찍 받아들인 노라노는 예술에 있어서 분야에 차별을 두지 않았다. 요즘이야 대중문화가 순수 문화보다 훨씬 더 영향력이 크고 예술성도 충분히 인정받고 있지만 60년 전에는 달랐다. '딴따라'라고 불리며 극장쇼나 미8군 무대에 서는 연예인들을 폄훼하는 분위기가 팽배했다. 그들의 무대에는 환호하면서 정작 그들 자체는 멸시하는 이중 잣대는 여전했지만, 노라노는 달랐다. 순수예술은 순수예술대로 대중 쇼는 대중 쇼대로 제각기 다 가치가 있는 문화라고 생각했다. 그렇기에 화려한 쇼걸의 의상을 만들 때나 우아한 발레 작품의 의상을 만들 때나 똑같이 심혈을 기울였다. 노라노의 이런 열린 생각 덕분에 이 시기 대중 예술과 순수예술 양쪽은 모두 노라노라는 당대 최고의 디자이너와 공동 작업을 할 수 있었다. 국내 최초의 발레리나인 진수방, 미8군의 대표적 쇼걸이었던 가수 박단마, 창극인 임춘앵 등 당대 최고의 무대 예술가들이 노라노를 찾았고, 노라

1959년 신상옥 감독 영화 〈자매의 화원〉. 최은희, 남궁원, 최지희, 김혜정 등 당대 톱스타들이
총출연한 이 작품의 의상도 노라노가 맡았다. 매력적인 화가(남궁원)와 자매(최은희, 최지희)의
삼각관계를 다룬 영화로, 주인공들의 캐릭터를 극명하게 표현하는 다채로운 의상이 화제였다.

노는 이들의 무대 의상은 물론 스타일 전반까지 조언해주는 스타일리스트 역할까지 수행했다.

은막의 스타들, 노라노의 옷을 입다

> 영화 의상을 만드는 일은 참 매력적이에요. 시나리오를 보고 배역들의 감정·사고·움직임을 생각하며 그에 적합한 옷을 만들어야 하는 고도로 지적인 작업이죠. 그리고 무엇보다 스크린에서 배우보다 옷이 먼저 눈에 들어오면 안 됩니다. 영화 의상은 어디까지나 그 인물의 역할과 영화의 메시지를 관객들에게 정확히 전달해주는 기능을 수행해야 하거든요.

이 시기 노라노는 당대 최고의 영화 의상 디자이너로도 활약한다. 1950, 1960년대 은막의 최고 스타들이 입는 옷은 거의 다 노라노가 만들었다고 해도 과언이 아니다. 충무로와 인연을 맺은 첫 작품은 1955년 최은희 주연의 〈꿈〉. 1955년이 영화 의상 디자이너로 데뷔한 해라면 1956년은 스타 디자이너로 입지를 다진 기념비적인 해였다. 조미령 주연의 영화 〈교차로〉가 흥행에 성공하면서 노라노에게 옷을 맡기려는 여배우들이 문전성시를 이루기 시작한 원년이기 때문이다.

1956년에는 〈교차로〉를 시작으로 그녀가 의상을 맡은 영화들이 연달아 히트를 기록했다. 이후 〈청실홍실〉(1957, 엄앵란 주연), 〈춘희〉(1959, 최은희 주연), 〈꿈이여 다시 한번〉(1959, 최은희 주연), 1962년 〈양귀비〉(1962, 김지미 주연), 〈만추〉(1966, 문정숙 주연), 〈사월이 가면〉(1967, 문희 주연) 등 전쟁 직후인 1950대부터 60년대까지 주요한 한국 영화의 엔딩 크레디트에는 늘 노라노의 이름이 있었다.

세기의 배우 최은희

> 피난을 간 부산에서 문을 연 의상실에 어느 날, 늘씬한 키에 멋진 몸매 그리고 매혹적인 얼굴로 눈에 확 띄는 미녀가 들어와서 옷을 주문했어요. 바로 훗날 대배우가 되는 최은희 씨였죠. 20대 중반의 그녀는 그때 이미 배우로 데뷔한 지 8년차인 베테랑 연극배우였죠. 그녀를 처음 본 순간 느낀, 예술가에게 풍기는 압도적인 오라aura는 지금도 잊을 수 없어요.

훗날 한국을 대표하는 디자이너와 배우가 되는 두 사람은 피난지인 부산에서 처음 만났다. 서로에 대해 동시에 깊은 인상을 받았던 두 사람은 얼마 지나지 않아 서울에서 재회한다. 휴전 이후 극단 신협의 무대의상을 노라노가 맡으면서, 신협 주역 배우로 활동하던 최은희와 정식으로 친해지게 된 것이다. 배우나 연

한국전쟁 때 피난지 부산에서 처음 만난 이후 두 사람은 현재까지 70년 가까이 깊은 우정을 나누고 있다.

출가 못지않게 연극을 사랑하는 예술 애호가 노라노와 타고난 예술가인 최은희는 단박에 서로가 마음에 들었다. 대본을 철저히 분석해서 캐릭터에 꼭 맞는 의상을 만들어내는 노라노를 최은희는 자신이 출연하는 모든 작품의 의상을 맡길 정도로 신뢰했다. 노라노 역시 자신이 작업한 연극과 영화를 통틀어서 가장 마음에 드는 의상은 최은희가 입었던 것이라고 꼽을 만큼, 두 사람의 작업은 최고의 성과를 냈다.

두 살 차이인 노라노(1928년생)와 최은희(1926년생) 두 사람은 키와 신체 사이즈가 매우 흡사했다. 그래서 때론 겹치기 출연을 하며 너무나 바빴던 최은희가 가봉을 하러 올 시간이 없을 때는 노라노가 대신 자신이 만든 옷을 직접 입고 가봉할 정도였다. 1959년 최은희 주연의 영화 〈춘희〉는 노라노가 자신의 최고의 기량을 선보인 의상으로 꼽는 작품이다. 검정 벨벳과 흰색이 어우러진 기품 있는 의상은 아주 고전적이면서도 묘하게 여성의 성적 매력이 드러나는 느낌으로, 고급 화류계 여성인 춘희의 캐릭터와 잘 어울린다. 50년대 20대 시절부터 시작된 두 사람의 협업은 무려 70대인 2000년 초반까지 이어졌다.

2001년 신상옥 감독과 최은희가 현존하는 최장수 극단인 신협의 부흥을 위해 무대에 올린 뮤지컬 〈누구를 위하여 종을 울리나〉에 마리아 역으로 출연한 최은희 의상 역시 노라노가 맡았다. 70대 중반임에도 무대에서 노래하며 춤추며 강력한 아우라를 뿜어내는 최은희를 보며 노라노는 다시 한 번 최은희가 얼마나 위대한 배우인지 깨달았다고 한다.

'국민 여동생' 신화를 만들다

> 일반인의 경우에도 사람보다 옷이 먼저 보이면 잘 입었다고 생각하지 않아요. 배우는 특히 더하죠. 의상이 먼저 보이면 그건 실패한 거예요. 역할과 연기에 옷이 잘 녹아들면서 배우의 캐릭터를 극대화시키는 역할을 해야죠. 엄앵란 씨는 그런 점에서 자신을 역할에 꼭 맞추어서 변신하는 데 능했어요.

요즘 젊은 세대들에게 배우 엄앵란은 푸근한 인상의 TV 토크 프로그램 출연자로 익숙하지만 1950, 1960년대 엄앵란은 자타가 공인하는 최고의 배우였다. 귀엽고 발랄한 부잣집 여대생 같은 이미지인 엄앵란의 패션 역시 노라노가 책임졌다. 노라노는 엄앵란이 가진 외모의 장단점을 냉정하게 분석해서 최적의 헤어와 의상, 액세서리 스타일을 조언했다. 엄앵란이 '국민 여동생'이라 불릴 만큼 귀엽고 사랑스러운 캐릭터를 구축하는 데 중요한 역할을 했다는 사실은 노라노가 지금도 상당히 자부심을 갖는 부분이다. 배우의 이미지는 옷이나 헤어 등 외적인 것만으로 결정되지 않는다는 사실을 노라노는 정확하게 알았다. 그래서 노라노는 엄앵란에게 옷뿐만 아니라 삶의 태도, 연기에 임하는 자세, 인생철학에 이르는 부분까지 코치했다.

노라노 패션쇼 의상을 입고 포즈를 취한 엄앵란. 당시 '한국의 오드리 헵번'이라 불릴 만큼 발랄한 매력으로 인기를 얻었고 노라노 의상과 더없이 잘 어울린다는 평가를 받았다.

세계인을 매혹시킨 미스코리아와 노라노

1959년 미스유니버스 대회에서 인기상, 포토제닉상, 스피치상을 동시에 탄 미녀가 바로 미스코리아 오현주 양이었어요. 전쟁이 끝난 지 얼마 안 된 한국이 국제 대회에서 그런 성과를 이루리라곤 아무도 생각하지 못할 때였죠. 이런 수상 결과는 오현주 양과 제가 1년 동안 치밀히 준비해서 노력 끝에 얻은 결과였죠.

막 30대에 접어든 1958년. 노라노에게 흥미로운 제안이 들어온다. 바로 미스유니버스에 출전하는 미스코리아의 의상을 맡아달라는 것. 언제나 새로운 일에 도전하는 것을 즐기는 노라노가 이를 마다할 리 없었다. 미스유니버스 대회에는 전통 의상은 물론 전형적인 드레스와 행사 기간 동안 입을 수십 벌의 다양한 의상이 필요했다. 그 많은 옷을 만들 시간이 턱없이 부족한 상황에서 의뢰를 받았지만, 기한 내에 그녀는 모든 옷을 만들어냈다.

미스코리아 대회 주관사는 한국일보. 불과 1년 전인 1957년, 처음으로 미스코리아 대회를 시작한 한국일보사로선 세계 대회 출전에 필요한 노하우가 일천한 상황. 한국일보사는 처음에는 옷 제작만 맡겼지만 곧 더 큰 임무를 맡긴다. 당시 사장이던 장기영은 노라노에게 미스유니버스 한국 대표의 샤프롱 역할을 제안했다. '샤프롱chaperon'은 젊은 여성이 사교계에 데뷔할 때 도와

1959년 미스유니버스 대회에서 3관왕을 휩쓸고 금의환향한 미스코리아 오현주와 노라노. 미스코리아의 미스유니버스 대회 선전은 엄청난 국위 선양으로 받아들여졌다.

주는 사람을 뜻한다. 전 세계의 미녀들이 모이는 축제인 미스유니버스 대회에 나가기 위해선 미모도 당연히 중요하지만, 국제적 기준에 부합하는 분위기와 방향성도 중요하다. 미스코리아 행사를 시작한 지 2년 차인 당시에는 그런 역할을 할 사람이 전무했다. 장기영 사장은 영어에 능통하고 외국인 고객들을 오래 접한 노라노가 적임자라고 판단했다.

노라노가 샤프롱 자격으로 옷은 물론 헤어와 메이크업, 서구식 매너와 화술 등을 집중적으로 교육한 첫 참가자는 1958년 미스코리아 진 오금순. 노라노는 경상도 아가씨인 오금순과 함께 미국 LA로 가 그해 미스유니버스 대회를 치른다. 그녀는 첫 경험을 통해 여러 교훈을 얻었다. 패션과 마찬가지로 미인 대회 역시 서양과 동양의 격차는 너무나 크다는 것. 그렇기에 동양 여성만의 강점을 극대화해서 공략하는 전략이 필요하다는 것이었다.

1958년 첫 미스유니버스 대회를 통해 생생한 경험을 얻은 노라노는 귀국과 함께 1959년 미스유니버스 준비에 돌입한다. 그녀는 미스유니버스에서 조금이라도 성과를 얻기 위해선 출전자가 결정되는 미스코리아 대회에서부터 세계 무대에 통할 미녀를 선발하는 것이 중요하다고 판단한다. 주변에 수소문해 후보자로 발탁된 인물이 바로 당시 이화여대 재학 중이던 오현주였다. 미스유니버스에서 두각을 나타내기 위해선 영어로 의사소통이 가능하면서 서구인들에게도 통할 매력이 있어야 한다고 생각했는데, 오현주는 이런 조건에 부합했다. 미스유니버스를 목표로 준비를 한 만큼 1959년 미스코리아 후보들 사이에 군계일학이었고

진으로 당선된다.

　1959년, 노라노는 미스코리아 진 오현주와 주최 도시인 미국 LA로 향한다. 이미 노라노에겐 필승 전략이 있었다. 일단 LA 시장 앞에서 자기소개를 하며 선물을 전달하는 개회식 때부터 이목을 끌어야 했다. 노라노는 미리 오현주에게 장구를 익히게 한 뒤, 자기소개 순서에서 한복을 입고 빨간 장구를 들고 등장하게 했다. 뻔한 멘트가 반복되는 지루한 자기소개 순서에서 정신이 번쩍 드는 경쾌한 장구 소리와 함께 등장한 발랄한 미스코리아는 예상대로 사람들의 주목을 한몸에 받았다. LA 시장에게 큰절을 하면서 들고 나온 장구를 직접 선물하자 분위기는 달아올랐다. 다음 날 지역 신문에 장구를 메고 등장한 사진이 1면에 실릴 정도로 오현주는 단숨에 최고의 인기 후보자로 떠올랐다. 대회 기간 내내 위트 있는 영어 솜씨와 발랄하고 깜찍한 행동으로 자신이 등장하는 순간마다 시선을 사로잡은 미스코리아 오현주는 결국 인기상과 포토제닉상을 차지했다. 여기다 스피치상까지 수상하며 무려 3관왕에 올랐다. 이뿐만 아니라 노라노가 만든 드레스는 LA 지역 패션 그룹이 수여하는 의상상도 받았다. 1년 전 처음으로 미스유니버스 대회에 참가한 국가에서 이렇게 상을 독식한 것은 대회 역사상 전무후무한 기록이었다. 이런 여세를 몰아 미스코리아는 미스유니버스를 가리는 열다섯 명 최종 후보에도 포함됐으나 1위의 기쁨은 미스재팬에게 돌아갔다. 노라노는 실망했지만, 객관적으로 미스재팬의 타고난 미모가 뛰어났기 때문에 인정했다. 대신 철저하게 노력을 하고 준비를 해야만 받을 수 있는 상들을 수상했다는 것에 감사하며 귀국했다.

1961년 퍼스트레이디 의상 제작

영부인의 옷은 그 나라 패션의 수준과 문화, 국격을 알려주는 옷이어야 해요. 특히 외국에 대통령과 영부인이 나가면 그곳 사람들은 영부인의 패션을 보고 그 나라 패션 수준을 짐작하게 되죠. 그런 점에서 전 1962년 독일 차관 협정 때 육영수 여사에게 만들어 드린 옷이 가장 기억에 남아요. 품격 있는 하얀색 코트 앙상블이었는데, 전부 국산 모직으로 만들었어요. 전쟁에서 벗어난 지 10년도 안 된 나라지만 이렇게 멋진 패션이 있다는 사실을 외국 사람들에게 알리고 싶었죠.

노라노는 퍼스트레이디와도 인연이 적지 않다. 초대 대통령인 이승만 대통령의 부인 프란체스카 여사의 옷부터 육영수, 이희호 여사까지, 수십 년간 퍼스트레이디의 옷을 담당했다. 1961년 박정희가 쿠데타를 일으키고 대통령이 되기 전, 국가재건회의 의장이었던 시절부터 노라노는 육영수 여사의 옷을 제작하게 된다. 노라노는 이웃집에 살던 박정희 측근인 장군 부인의 소개로 육여사와 처음 만난다. 5·16군사정변 이후 사실상 대통령 역할을 수행하던 박정희 아내인 육영수 여사는 위상에 맞게 입을 마땅한 정장이 없는 상황이었다. 주변의 추천을 받아 당시 최고의 디자이너였던 노라노에게 의상을 요청한다. 이때부터 노라노는 영부인 의상 디자이너로 오랜 기간 활동한다.

노라노가 육여사를 위해 만든 옷 가운데 가장 자부심을 갖는 옷이 있다. 1962년 독일에 차관을 빌리기 위해 방문시 입은 육영수 여사의 코트 앙상블이 바로 그 작품이다. 당시 제주도에서 양을 키우던 천주교 성직자들이 직접 손으로 짠 트위드 양모를 노라노가 원단으로 제작했다. 순백의 색상으로 만든 의상은 고급스러운 디자인으로 큰 찬사를 받았다. 노라노로서는 자신이 국내 기술로 최초 개발한 모 원단으로 만든 정장을 영부인이 외국 방문에서 착용했다는 사실이 더할 나위 없이 자랑스러웠다.

이방자 여사와의 인연

원래는 일본 국왕의 왕비가 되려다 몰락한 나라의 황태자와 결혼했으니 얼마나 기구한 운명이에요. 그러나 놀랍게도 이 방자 여사는 자신의 운명을 원망하거나 탓하지 않았어요. 자신은 일본인이 아니라 완벽한 한국인이라며, 한국인이라는 사실에 무한한 자긍심을 지니고 사셨어요. 실제로는 정말 따뜻하고 발랄한 성품이어서 인간적으로 정말 매력적인 분이었죠.

노라노

창덕궁 낙선재 뜰에서 대한제국 마지막 황태자 영친왕의 부인 이방자 여사와 함께한 노라노.

노라노는 대한제국 마지막 황태자인 영친왕 이은의 부인 이방자 여사와도 인연이 깊다. 1960년대 노라노의 신당동 자택에 이방자 여사가 석 달간 기거한 적이 있다. 우아하고 세련된 패션 감각을 지닌 이방자 여사는 노라노 옷을 사랑하는 고객이기도 했다. 노라노는 이방자 여사를 가장 품위 있는 고객 중 하나로 기억한다. 옷에 대한 지식도 상당해서 그 어떤 고객보다 옷을 디자인해주는 기쁨이 컸다고 말한다.

1945년 해방 이후 일본 왕족의 지위를 박탈당한 이방자 여사는 집은 물론 전 재산을 몰수당하면서 적잖은 고초를 겪는다. 1962년 한국 국적 취득 후, 1963년 의식 불명으로 중환자가 된 영친왕과 한국으로 영구 귀국하게 되면서 체류할 곳이 마땅치 않을 때 잠시 노라노 가족과 연을 맺게 되었다.

1901년생인 이방자 여사는 노라노 모친과 비슷한 연배여서 두 사람은 급속히 친해졌다. 특히 일어와 한국어, 불어에 능통했던 이방자 여사는 경성방송국 아나운서 출신으로 고급 일본어를 구사하는 노라노의 모친, 그리고 영어와 일본어가 능통한 노라노를 매우 좋아했다.

노라노가 기억하는 이방자 여사는 타고난 교양을 갖춘 여성이었다. 일본 국왕 메이지의 조카인 나시모토노미야 모리마사 친왕의 딸인 이방자 여사는 원래는 히로히토 왕세자의 비로 정해졌던 인물. 차기 국왕의 왕비로 내정되어 왕비 수업을 받던 중, 1920년 당시 대한제국의 황태자였던 이은과 결혼하면서 황태자비가 되었다. 일본의 왕비가 될 운명에서 대한제국의 황태자로 바뀐 이유는 바로 그녀가 '불임'이라는 당시 일본 왕실의 진단이 있었기 때문. 임신을 할 수 없는 이방자 여사를 대한제국 황태자와 결혼시켜 대를 끊게 만들겠다는 일본의 흉계에 의한 정략결혼이었다. 그러나 이방자 여사는 결혼 이듬해인 1921년 아들을 출산하면서 '불임'이 오진임을 확인시켰다. 불행하게도 첫 아들인 이진은 출생 1년 후 사망했지만, 1931년 다시 아들인 이구를 출산한다. 이구는 노라노 가족들과도 절친해서, 훗날 노라노가 미8군에 이구의 직업을 알선해주기도 했다.

1945년 일본 왕족 신분에서 평민이 된 이방자 여사. 노라노에 따르면 이방자 여사는 평민이 된 사실에 크게 만족했다고 한다. 전철도 마음대로 탈 수 있고, 외출도 자유롭게 할 수 있는 신분이 되어 기뻤다. 정략결혼의 희생자였지만 이방자 여사는 "내 조국도, 내 묻힐 곳도 한국"이라는 신념으로 생활했고, 여든아홉 살인 1989년 창덕궁 낙선재에서 일생을 마친다.

1963년 명동 시대…… '노라노의 집' 개업

두 번째 남편도 첫 번째 남편처럼 참 좋은 사람이었어요. 첫 번째 결혼이 제2차세계대전이라는 엄청난 비극으로 인해 결혼과 동시에 떨어져 지내면서 오해가 깊어졌듯이, 두 번째 결혼도 전쟁이 문제였죠. 한국전쟁의 극한 환경에서 서로의 인간애에 반했던 우리는 실제로는 서로에 대해 전혀 알지 못한 채 전쟁 당시 느꼈던 호감만 가지고 결혼했어요. 그러나 우리가 결혼한 1960년대는 제가 디자이너로서 한국에서 엄청난 명성을 얻으며 바쁠 때여서 제 남편은 타국에서 모든 것을 낯설어했죠. 서로에 대한 존경만 있을 뿐, 상대가 어떤 사람인지는 모른 채 결혼한 것이 비극의 시작이었죠.

노라노의 매장은 1949년 신당동 자택에서 시작해 1950년 부산 광복동, 1951년 퇴계로, 1953년 종로에 이어 드디어 1963년에 서울 최고의 상권이며 중심가인 명동에 진출한다. 그동안은 모두 남의 건물이었지만, 명동에는 14평짜리 3층 건물을 사옥으로 마련했다. 세입자의 설움 없이 자기 빌딩에서 마음 편하게 옷을 만들 수 있게 된 것이다. 서른 중반, 명동에 사옥도 생기고 디자이너로서 성공 가도를 달리던 노라노는 주변에 알리지 않고 조용히 두 번째 결혼을 한다. 상대는 바로 한국전쟁 당시 부산에서 만났던 미군 장교 짐 핀클. 전쟁이 한창이던 시기, 부상당한 이들로 가득했던 병원에서 두 사람은 처음 만났다. 그는 당시 소령이었고 유엔군의 일원으로 한국전에 참전해 부산 병원에서 부상병과 환자들을 돌보고 있었고, 부산으로 피난 온 노라노는 그 병원에서 자원봉사를 하고 있었다. 노라노는 이때 본 광경이 그녀 인생에서 가장 충격적인 기억이라고 회고한다. 심한 동상으로 다리를 절단할 수밖에 없는 한 소녀를 간호하게 된 것. 마취약이 턱없이 부족했던 상황이라 소녀는 마취도 못 한 채 그냥 다리를

영문 간판이 멋스러운 명동 사옥 외관. 대지 14평에 3층 규모로, 디자이너 노라노의 최전성기를 함께한 곳이다.

잘라야 했다. 백방으로 뛰어도 마취약은 없다는 사실을 알고 있던 소령은 너무 미안하고 안쓰러운 마음에 수술 내내 그 아이를 꼭 붙잡고 눈물을 흘렸고, 노라노에겐 돈을 주면서 사탕이든 뭐든 소녀가 기뻐할 만한 선물을 사다달라고 부탁했다. 피난민 야전병원의 책임자와 자원봉사자로 만난 두 사람. 한 사람의 생명이라도 더 살리기 위해 고군분투하는 소령의 모습은 큰 감동으로 다가왔다. 소령 또한 끔찍한 부상을 입은 환자들을 위해 무엇이든 도우려는 노라노가 고마웠다. 각자 서로에게 특별한 감정이 있다는 사실을 깨달을 즈음, 황달에 걸린 소령이 일본으로 후송되면서 이들은 헤어진다.

전쟁이 한창이던 시기, 전장에서 만났던 짐 핀클. 10년 뒤 중령이 되어 한국에 부임한 그는 수소문 끝에 노라노를 찾아와 청혼한다. 10년이란 세월 동안 잊지 못했다는 고백과 함께. 그러나 그렇게 시작한 두 번째 결혼 생활은 안타깝게도 오래가지 못했다. 두 사람 중 누구의 잘못도 아니었다. 전쟁이라는 특수한 상황에서 환자와 어려운 이들을 위해 목숨을 바쳐 봉사하는 짐 핀클의 인도주의적인 면모에 노라노는 반했고, 짐 핀클 역시 순수하게 자원봉사를 하며 환자를 위해 최선을 다하는 노라노의 인류애에 매료됐다. 그러나 그들이 함께 살아나가야 하는 현실은 더이상 전쟁 통이 아니었다. 노라노는 잘나가는 디자이너로 승승장구했지만 미국인 남편은 자신의 조국이 아닌 곳에서 마땅히 역할을 찾지 못했다. 남편은 미국으로 가서 살기를 원했고, 노라노는 이 결혼이 영원히 지속되지 못하리란 슬픈 예감이 들었지만 일단은 남편의 뜻에 따라주고 싶었다. 결국 노라노는 하와이에 가서 생활하기로 합의를 보고 1965년 남편과 함께 하와이로 향한다.

1965년 하와이로 가다

첫 번째든 두 번째든 이혼은 힘든 일이죠. 하와이에 온 지 2년쯤 되던 시기에 전남편에게 한국으로 돌아가자고 했어요. 그때 아직 뒷바라지를 해야 할 남동생이 세 명이나 있는 상태였거든요. 평생 하와이에 살 순 없었죠. 제 디자이너로서의 기반은 모두 한국에 있었으니까요. 한국으로 가자는 말에 남편은 화를 내며 이혼을 하고 가라고 하더군요. 결국 헤어졌고, 전 한국으로 돌아왔어요.

한국에서 외로워하던 남편을 위해 거주지를 하와이로 옮겼지만 일을 포기할 노라노가 아니었다. 그녀는 하와이에서도 자신의 본업인 패션을 이어나갔다. 집을 장만하는 동시에 시내에 쇼룸을 구하고 자신의 매장을 열었다. 노라노는 하와이에서도 옷으로 승부를 걸어야 한다고 생각했다. 백문이 불여일견. 결국은 옷의 퀄러티로 평가받는 것이 가장 빠르다고 판단한 그녀는 바로 하와이에서 현지 언론을 대상으로 미니 패션쇼를 열었다.

1965년 하와이 로열호텔에서 열린 패션쇼는 대성공이었다. 하와이 지역 신문에선 1면에서 노라노 패션을 다룰 정도로 주목했고, 방송에서도 패션쇼를 진행했다. 곧 노라노는 미스하와이 선발 대회 심사위원과 하와이대학 특별 강사로 초청될 정도로 인정받으며 빠르게 자리 잡았다.

유학 이후 16년 만에 다시 미국에서 생활하며 노라노는 전 세계적으로 기성복의 시대가 도래했음을 확인했다. 패션의 중심은 맞춤복에서 기성복으로 빠르게 이동하고 있었다. 지금은 기성복을 입는 것이 너무나 당연하고 맞춤복은 특별한 경우에, 아주 소수의 사람들이 선택하지만, 1960년 한국에서 기성복은 상상하기 어려운 개념이었다. 그러나 노라노는 더 질 좋은 옷을 더 많은 사람들이 입을 수 있는 기성복이 거부할 수 없는 흐름이라는 사실을 하와이 생활을 통해 절감했다. 1966년 두 번째 결혼 생활을 정리하면서 노라노는 기성복 시대를 열 만반의 준비를 하고 귀국했다.

윤복희와 미니스커트 신드롬

노라노 선생님은 언제나 제가 상상했던 그 이상의 무대 의상을 딱 만들어주셨어요. 어떻게 이런 소재로, 이런 디자인으로 이렇게 멋진 옷을 만들 수 있지? 전 늘 감탄했죠. 특히 가

1967년 노라노가 제작한 미니원피스는 전국 젊은 여성들에게 '미니스커트' 열풍을 일으켰다.
윤복희는 1968년 동료 가수인 유주용과의 연애는 물론 결혼식 때도 미니원피스를 입으며 미니
스커트 트렌드 창시자다운 면모를 보여줬다.

수들은 무대에서 율동이 크기 때문에 옷감은 물론 디자인이 움직임에 불편하지 않아야 해요. 그런데 그런 디테일한 부분까지 전부 계산해서 옷을 만들어주셨죠. 춤을 춰도 더없이 편하면서 무대에서 가수를 돋보이게 하는 옷. 우리 길게 말하지 않아도 서로의 마음을 읽었고, 나중에는 그냥 선생님이 만든 옷은 묻지도 따지지도 않고 입었죠.

—가수 윤복희

1960년대 미니스커트를 입고 한국 대중 앞에 등장하면서 그야말로 센세이션을 일으킨 사람이 있다. 윤복희. 보수적인 한국 사회에서 다리를 훤하게 드러내는 미니스커트는 듣도 보도 못한 쇼킹한 패션이었다. 1952년 불과 일곱 살 때 뮤지컬을 통해 데뷔한 윤복희는 1960년대 초반, 미국과 유럽 등지에서 가수로 활발하게 활동했다. 이후 1967년 해외 활동을 접고 귀국한 윤복희가 본격적으로 국내에서 가수로 활동하면서 노라노는 윤복희의 '비주얼 디렉터'로 활약한다. 국내에서 첫 앨범의 타이틀곡 〈웃는 얼굴 다정해도〉가 나오자 윤복희는 노라노를 제일 먼저 찾는다. 이 노래에 어떤 스타일링이 좋을지를 의논하기 위해서였다. 신곡을 들으며 고민에 고민을 거듭한 결과 나온 대표 의상이 바로 하얀 칼라가 달린 검정색 미니원피스. '100만 불짜리 다리'로 불렸던 윤복희의 멋진 각선미를 살리면서도, 비율은 좋지만 키가 작은 윤복희를 위해 깃을 세워 키가 커 보이게 하는 최적의 디자인이었다. 1967년 4월 TBC를 통해 전국에 생중계된 윤복희 귀국

기념 첫 리사이틀에서 윤복희는 미니스커트를 입고 나와 전국적으로 엄청난 반향을 일으킨다. 이후 긴 세월 동안 윤복희의 무대 의상의 전부는 노라노가 맡았다. 본인이 아마추어 댄서였던 노라노는 가수들의 옷을 만들 땐 언제나 움직임을 염두에 두었다. 윤복희는 그래서 다른 이들의 옷과 달리 노라노의 옷을 입으면 무대에서 너무나 편했다고 말한다. 1960, 1970년대, '리사이틀'이란 말이 나오며 본격적으로 미국의 팝 음악을 기초로 한국적 정서가 가미된 대중음악들이 막 쏟아지던 시기에 윤복희과 노라노는 드림팀을 이뤄 유행을 선도했다. 노라노에겐 쇼 의상에 대한 아이디어가 마구 샘솟았다. 눈코 뜰 새 없이 바쁘게 일만 하던 시기였지만, 두 사람에게 가장 행복한 시절이기도 했다.

패션, 대중문화의 중심으로

윤복희 씨의 미니스커트와 펄시스터즈의 판탈롱이 엄청난 히트를 치면서, 그 아이템을 만든 디자이너 노라노의 이름도 덩달아 유명해졌죠. 그 이전까지는 옷을 맞춰 입는 고객들과 배우, 가수 등 스타들 사이에서 명성이 높았다면, 미니스커트와 판탈롱이 장안의 화제가 되면서부터는 대중들도 이름을 아는 디자이너로 부상했어요.

판탈롱을 입은 펄 시스터즈. 노라노는 여성스러운 스커트가 아닌 육감적인 바지를 입혀 그들의
섹시한 매력을 극대화하는 전략을 폈다.

노라노가 윤복희를 통해 미니스커트라는 새로운 패션 아이템을 유행시켰다면 펄시스터즈를 통해선 판탈롱을 선보였다. 엉덩이는 꼭 끼고 무릎 아래로 갈수록 폭이 넓어지는 나팔바지 판탈롱은 바지지만 하반신 몸매를 그대로 드러낸다는 점에서 매우 육감적인 옷이었다.

　발랄하고 깜찍한 미니스커트, 농염한 여인의 매력을 뿜어내는 판탈롱, 완전히 상반된 아이템이 동시에 인기를 끌면서 1960년대는 본격적으로 패션이 대중문화의 핵심 요소로 주목받는다. 텔레비전 방송이 시작된 지 10년이 지나면서 TV 시청자가 급증했고 사람들은 방송에서 연예인들이 입는 옷을 입고 싶어 했다. 바로 그 시기 노라노가 기성복을 만들어내면서 기성복은 패션 시장의 대세로 자리 잡는다.

노 라 노 를   말 하 다

1985년 파리 특파원으로 임명되어 국내 첫 여성 특파원이 된 윤호미 전 〈조선일보〉 기자는 노라노와 오랜 우정을 나눈 지인이다. 각각 여성 특파원 1호, 패션 디자이너 1호로서 '국내 최초'라는 타이틀을 갖고 있는 두 사람은 각자의 분야에서 선구자적 역할을 한 '여성'이라는 점에서 연대감이 깊다. 노라노는 패션 트렌드 분석을 위해 파리를 찾을 때마다 특파원으로 있던 윤호미와 자주 만났다. 문학과 예술을 사랑하는 두 사람은 수십 년간 긍정적인 에너지를 나누는 관계다. 노라노보다 열세 살 어린 인생 후배 윤호미가 바라보는 노라노는 어떤 사람일까?

제가 노라노 선생님보다 한참 어리지만, 선생님은 한 번도 저에게 권위적으로 대하신 적이 없어요. 쿨한 척 하는 사람은 많아도, 정말 쿨한 사람은 드문데, 선생님은 후자죠. 옷도 본인을 꼭 닮았어요. 군더더기 없고, 쓸데없는 디테일 하나 없어요. 존경할 만한 선배가 든든하게 제 곁을 지켜주시는 것도 너무나 감사한 일이고요. 오래오래 저희들 곁에 계셔주시면 더 바랄 나위 없겠어요.

간호섭

홍익대 섬유미술패션디자인학과 교수

패션 디자이너인 동시에 교수인 간호섭은 노라노를 한국 패션사에서 대체 불가능한 업적과 존재감을 쌓은 인물이라 평한다.

패션쇼는 디자이너 본인의 패션 철학을 명확하게 보여줍니다. 패션계의 가장 기본인 동시에 매우 중요한 이벤트죠. 노라노보다 앞서 활동한 분들은 있었지만 한국에서 패션쇼를 처음으로 연 사람은 노라노입니다. 1956년 노라노의 패션쇼는 본인의 첫 쇼인 동시에 우리나라 패션 역사상 최초의 쇼였습니다.

그리고 최근 엔터테인먼트 산업의 핵심으로 인식되는 '비주얼 디렉터'와 '스타일리스트' 등의 역할을 노라노가 이미 1950년대부터 수행했다는 사실을 강조한다.

엄앵란, 윤복희, 펄시스터즈 등 1950년대부터 1970년대까지 활약했던 스타들 가운데 상당수는 노라노가 스타일을 확립해줬죠. 귀엽고 발랄한 여대생 스타일의 엄앵란, 미니스커트를 입고 무대

를 활보하는 윤복희, 농염하고 뇌쇄적인 펄시스터즈 등 우리가 지
금도 기억하는 많은 스타들의 이미지와 스타일을 구축하는 데 노
라노의 역할이 절대적이었어요. 단지 디자이너에 머물지 않고, 그
들의 총체적인 스타일 콘셉트까지 잡아준 것이죠.

드라마에서 귀부인이나 시어머니 역할로 자주 등장하는 배우 서
우림. 1960년대에는 여성스럽고 조신한 외모로 큰 인기를 얻었다. 그
때 노라노의 의상을 입으며 노라노와 인연을 맺었고, 수십 년이 지
난 지금은 절친한 인생 후배가 됐다.

60, 70년대 노라노 선생님은 '하늘의 별' 같은 존재셨어요. 사람
들은 저희 같은 배우에게 '브라운관의 별'이라 불러주시지만, 그
때 노라노 선생님은 만나기 힘든 스타들의 스타셨죠. 톱스타 김지
미 씨가 자신의 옷만 만들어달라고 금일봉을 들고 갔다는 소문이
퍼졌을 만큼요. 그때 선생님의 매장에 가면 입고 싶은 옷들이 한
가득이었죠. 핀을 꽂는 동그란 스폰지를 손목에 차고 줄자를 목
에 건 채 옷을 만들고 계신 모습이 어쩌나 멋있던지. 그런데 그렇
게 잘나갈 때도 선생님은 항상 겸손하셨어요. 그리고 극중 의상을
제작하실 때는 제가 맡은 배역에 대해서 꼼꼼하게 묻고 대본을 꼭
읽어보셨죠. "사람과 연기가 보여야지, 옷이 튀면 안 된다"라는 말
씀을 자주 하셨어요. 선생님의 의상을 입으면 제가 그 역할과 하나
가 된 듯한 기분이 들었어요. 저에게 선생님은 영원한 스타세요."

nora no

사업가, 노라노

1966년 기성복 시대를 열다

> 70년 패션 인생에서 가장 보람 있게 여기는 일이 국산 원단
> 으로 고급 옷을 만들어 수출한 것, 그리고 디자이너로서 기
> 성복을 최초로 만들었다는 사실이죠. 다수의 사람들이 더
> 저렴한 가격에 더 멋진 옷을 입을 수 있다는 것은 정말 공익
> 적인 일이죠. '노라야, 기성복을 도입한 일은 참 칭찬할 만한
> 일이야.' 저에게 해주고 싶은 얘기예요.

노라노의 인생을 살펴보면 재미있는 법칙이 있다. 아주 큰 시
련을 겪은 직후 커리어에서 엄청난 전진을 보여준다는 점이다.
첫 번째 이혼 이후 미국 유학을 감행해서 한국 패션 디자이너 1
호가 됐던 그녀는 아버님이 돌아가신 바로 이듬해 한국 최초의
패션쇼를 개최했고, 두 번째 이혼 이후엔 한국 최초의 기성복
시대를 열어가기 시작한다. 시련과 아픔에 빠져 방황할 수도 있
는 시기인데 놀랄 만한 의지력으로 그런 상황을 돌파했다. 사실
기성복이라는 단어 자체가 생경하게 들릴 만큼 지금은 기성복
을 입는 것이 당연한 시대다. 그러나 불과 반세기 전인 1966년만
해도 우리나라엔 기성복이란 개념 자체가 아예 없었다. 대부분
의 사람은 동네 양장점에서 경제 수준에 맞게 옷을 맞추어 입었
고, 옷감을 떼다가 직접 만들어 입기도 했다. 대학생들의 경우
는 미군 부대에서 나온 구제 옷들을 사 입기도 했다. 당연히 기

성복의 표준 사이즈란 존재하지 않았고, 옷을 사기 전에 입어볼 수 있다는 것도 상상하기 어려웠다. 기성복이 대중화된 미국에서 유학을 한 노라노에게 기성복 출시는 가장 실현하고 싶은 꿈이었다. 특히 패션에서 실용성을 제일 우선시하는 노라노에게 기성복은 너무나 당연한 선택이었다. 그녀는 맞춤복을 만들며 수많은 한국 여성들의 평균 사이즈를 통계화해서 자료로 모아두었고, 이 자료는 기성복 체형별 사이즈를 만드는 데 결정적으로 기여했다. 명동 부티크 한 층을 기성복 매장으로 바꾸는 노라노는 명동 미우만 백화점(현재의 롯데 백화점)에 기성복 매장도 마련했다. 기성복은 출시된 첫날, 준비된 수량이 모두 매진될 만큼 크게 히트했다.

국산 원단 개발 프로젝트 I
―국내 최초 데님 패션

국내 면직물로 옷을 만들기 위해 면직물 공장 열 군데를 다니며 원단을 살폈죠. 그러다 일신 방직공장에서 데님 원단을 발견했을 때 어찌나 기쁘던지! 국내에서 이런 수준의 데님이 나올 수 있다는 사실을 눈으로 확인한 순간의 감동은 지금도 생생해요. 전 공장 측과 상의해 데님의 컬러를 세련되게 바꾸고, 좀 더 실용적으로 원단을 업그레이드시켰죠. 이 데

님으로 최초 국산 원단 데님 패션을 선보였어요.

1969년 노라노는 한국면직협회로부터 면직물 홍보를 위해 열리는 행사인 목화아가씨 패션쇼를 맡아달라는 제안을 받는다. 당시 미국에선 매년 면직물 판매를 촉진하기 위해 '목화아가씨' 선발 대회(코튼 쇼)를 열었는데, 미국과 한국의 면직협회가 공동으로 한국에서도 쇼를 열기로 한 것이었다. 미국면직협회에서 그해의 미국 목화아가씨와 자신들이 만든 면직물 옷을 한국으로 보냈다. 한국면직협회에선 공동 패션쇼를 꾸밀 대표 디자이너로 노라노를 선정했다. 디자이너로서 기량이 전성기에 접어든 노라노에겐 더없이 좋은 기회였다. 기성복을 만들며 대량생산 시스템 안에서 어떤 원단을 어떻게 적절히 배합해 최적의 패션 제품을 내놓을지에 대한 아이디어가 넘쳐나던 시기였기 때문이다.

한미 면직협회의 합동 패션쇼는 1969년 6월 3일과 4일 연속으로 두 차례 열렸다. 이 쇼를 위해 1969년 목화아가씨였던 미국의 캐시 루이스 머헤드 양이 서울을 방문한다. '합동'이라는 타이틀이 붙었지만 사실상 노라노 패션쇼와 다름없었다. 미국면직협회가 쇼를 위해 보낸 옷은 여섯 벌에 불과한 반면, 노라노가 이 쇼를 위해 한국 면직물로 새로 만든 옷은 무려 30벌에 달했기 때문. 첫 쇼가 성공적으로 끝나고 2년 후, 노라노는 같은 패션쇼의 주인공으로 다시 초청된다.

1971년 5월 31일과 6월 1일 두 차례 열린 쇼에선 노라노는 2년 전보다 무려 70벌이 늘어난 100벌의 새로운 의상을 선보인다. 이

1969년 한미 면직협회 합동 패션쇼에 모델로 참여한 미국 목화아가씨 캐시 루이스 머헤드 양.

쇼는 여러 면에서 뜻깊은 의미를 지녔다. 단순히 새로운 옷을 만들고 입고 나와 과시하는 것이 아니라, 국내 기술로 만들어진 면직물 품질이 얼마나 우수한지를 실제로 증명한 행사였기 때문이다. 함께 등장한 미국 디자이너들이 만든 옷과 견주어도 노라노의 한국 면직물로 만든 패션이 뒤지지 않는다는 평을 들었다.

이런 호평의 뒤에는 노라노의 집요한 원단 개발이 결정적인 기여를 했다. 본인의 패션쇼에도 국산 원단을 고집했던 노라노는 이번에도 당연히 한국의 면직 원단부터 수소문한다. 당시 한국의 면직물 산업은 적지 않은 국내 회사들이 이미 상당한 수준의 면직물을 생산해내고 있었다. 특히 노라노는 이미 미국을 비롯한 서구에선 단순한 원단을 넘어서 매우 중요한 패션 아이템으로 받아들여지던 데님에 주목했다. 한국에서도 데님 원단을 생산하는 곳을 발견한 노라노는 패션쇼에서 국산 가능성을 적극 선보이기로 결심한다. 데님 원단 그대로를 쓰지 않고 디자인과 기능적인 면을 좀 더 보강해 개발한 다음, 그에 맞는 디자인으로 데님 패션을 선보였다.

전문 모델을 양성하다

믿기 힘들겠지만, 1969년까지도 한국에는 '패션모델'이란 직업이 없었어요. 지금은 대학에 모델학과도 많이 개설됐지만,

불과 반세기 전에는 존재하지도 않는 직업이었던 것이죠. 디자이너가 만든 옷의 철학을 전달하는 이는 모델이거든요. 전대형 쇼인 코튼 쇼를 앞두고 전문 모델이 반드시 필요하다고 생각했어요.

1969년과 1971년 두 번 열린 한미 면직협회 합동 패션쇼인 코튼 쇼는 국내의 면직물 산업의 홍보 외에도 전문 패션모델이 탄생한 계기였다는 점에서 한국 패션 역사에서 주목할 만한 이벤트였다.

노라노가 1956년에 국내 최초의 패션쇼를 열고 13년이 흘렀지만 1969년의 한국은 여전히 전문 모델이라는 개념 자체도 존재하지 않던 패션의 불모지였다. 노라노 역시 기존의 자신의 패션쇼에 배우나 가수 또는 단골 고객들을 모델로 세웠고, 이런 상황은 다른 패션쇼도 마찬가지였다. 한미 합동 코튼 쇼 한국 책임 디자이너가 된 노라노는 전문 패션모델을 선발하기로 결심한다. 이미 해외에선 패션쇼에 전문 모델이 서는 것은 아주 당연한 일이었다. 디자이너가 옷에 투영한 철학을 표현하기 위해선 전문 모델이 반드시 필요하다고 생각한 노라노는 모델 콘테스트를 열어 쇼에 설 모델을 직접 선발했다. 이때 1위로 뽑힌 사람이 변자영. 한국 패션모델 1호인 변자영은 늘씬한 키에 서구적인 외모로 이후 전문 모델로 활발하게 활동한다.

국산 면직물 개발은 물론 국산 데님의 실용화, 국내 최초의 패션모델을 탄생시킨 것 외에 한미 코튼 쇼를 통해 새 역사를 쓴 것은 또 있다. 바로 패션쇼 볼거리를 혁신적으로 확장시킨 것이다. 기존 패션쇼는 '쇼'라는 말이 무색하게 그저 여성들이 옷을 입고 워킹을 하는 행사에 불과했다. 그러나 노라노는 훗날 패션쇼의 원형이 될 다양한 시도들을 펼쳤다. 1971년 쇼는 5월 31일에는 조선호텔, 6월 1일에는 서울시민회관에서 하루 간격으로 개최됐다. 서울시민회관 쇼에선 국내 패션쇼 사상 최초로 무대에 스크린을 설치했다. 무대와 관람객들 사이가 멀어 생생하게 쇼를 모습을 보여주기 위해서 아이디어를 낸 것이었다. 지금은 패션쇼에 스크린을 설치하는 것은 아주 일반적인 일이지만, 46년 전에는 놀라운 광경이었다. 이런 획기적인 시도는 관객들에게 새로운 시각적 경험이었고, 큰 찬사를 받았다.

저널리스트의 관점에서 보면 노라노는 아티스트보다 혁신가의 면모가 더 두드러져 보인다. 무엇을 하든 노라노는 일의 진행에 있어 효율적이고 합리적인 쪽을 택했다. 한미 코튼 쇼가 맡겨졌을 때도 그녀의 이런 면모는 극대화된다. 노라노는 대형 패션쇼를 위해선 대형 이벤트를 해본 인력이 필수적이란 생각을 먼저 한다. 그래서 당시로선 국내에서 다양한 행사 경험을 해본 YWCA에 인력 요청을 한다. 사옥 신축을 위해 기금 마련을 하고 있던 YWCA에 패션쇼 수익금을 기부하는 조건을 내걸고, 대신 훈련된 인력을 지원받은 것. 쇼가 대성공으로 끝나면서 YWCA에선 감사장을, 한국방직협회에선 코튼 개발 공로상을 받는다.

국산 원단 개발 프로젝트 II

—한강 물에 씻은 실크

> 1973년 고급 여성복을 만들 수 있는 국산 고급 실크를 개발
> 했죠. 그런데 실크는 염색 프린트를 위해 물에 씻어내는 과정
> 인 '수세水洗'가 필수적인데 당시엔 그런 시스템이 없었어요.
> 결국 한강에 돛단배를 띄우고 거기에다 실크 원단을 매달았
> 죠. 배가 움직이면서 한강 물에 실크를 수세한 거죠. 그만큼
> 당시에는 한강물이 맑았거든요. 지금의 친환경 공법으로 실
> 크 옷을 만든 셈이죠.

1973년 노라노는 프랑스 파리의 프레타포르테(기성복 패션 박
람회)에 한국 디자이너 최초로 나간다. 정부 지원을 받아 한국
대표 자격으로 디자이너가 나간 첫 번째 케이스였다. 당시 우리
정부 산하의 대한무역투자진흥공사(코트라)는 국산 원단, 특히
견직물인 실크 수출의 활로를 고민하고 있었다. 사실 우리나라
는 전통적으로 누에고치에서 뽑은 실인 견사로 만든 견직물에
관해선 오랜 전통이 있었다. 조선 시대에는 왕비가 궁궐 안에 뽕
나무를 심은 잠실蠶室을 만들고 직접 친잠을 했을 정도로 견직
물 생산은 국가 차원에서 장려하는 산업이었다. 1970년대엔 이
미 상당한 품질의 견직물 원단을 일본에 수출했다. 그러나 원단
수출로 얻는 이윤은 한계가 있었다. 원단 수출보단 완제품 형태

1973년 프랑스 파리 프레타포르테의 부스. 코트라 지원을 받으며 국내 디자이너 최초로 참가해 한국 패션사상 최초로 2만 달러 수출을 달성했다.

의 옷을 수출해야 더 막대한 이윤을 얻을 수 있기 때문이다. 코트라는 세계 시장에서 한국산 실크로 만든 옷을 선보여야겠다고 생각하고, 노라노에게 국내 실크로 만든 옷으로 파리 프레타포르테에 진출하자고 요청한 것이다.

코트라의 제안은 노라노에게 일생 일대의 기회였다. 훗날 노라노가 패션의 본고장인 미국 뉴욕에 천문학적인 수량의 옷을 수출하게 된 기반을 마련하게 된 계기이기도 하다. 제안을 받자마자 열 일을 제치고 일단 노라노는 전국의 견직물 공장 투어에 나섰다. 직접 원단을 보고 옷을 고급 기성복을 만들 수 있는 소재 개발에 착수했다. 당시 국내 견직물 공장들은 일본의 기모노 원단을 생산하는 곳이 많았다. 일본 자체에서도 기모노를 입는 인구가 급격하게 줄어드는 시점이었기 때문에 머지않아 수출액이 감소할 것이 예견되는 상황이었는데도 여전히 많은 공장들이 기모노 원단 생산 체제만 고수하고 있었다.

노라노는 프랑스 리옹에 있는 견직물 직조 전문가를 어렵게 찾아내 자문을 해서 양장을 만들 수 있는 국산 견직물 원단 생산에 성공한다. 그리고 이 원단으로 옷을 만들어 파리 프레타포르테에 출품했다. 옷을 보낸 뒤 숨죽여 기다리던 사흘 만에 낭보가 왔다. 여성복 350벌, 2만 달러 수출 계약이 성사된 것. 대한민국 패션 산업사상 최초로 국산 원단으로 만든 여성복이 수출된 것이다.

1973년 뉴욕 삭스 백화점 진출

내가 삭스 백화점 2층 디자이너 코너에서 멋진 실크 드레스를 발견하고 상표를 들여다보니 '메이드 인 코리아'라고 쓰여 있었다. 너무 놀라 담당 바이어에게 어떻게 백화점 최고급 디자이너 코너에 한국 제품이 걸려 있느냐고 물었다. 바이어는 파리 프레타포르테에서 노라노라는 한국 디자이너의 옷을 발견했는데, 제품이 좋아서 주문했다고 말했다. 패션이 파리나 밀라노에서만 오는 시대는 지나갔다. 이제 패션은 어디에서 올지 아무도 모른다.

—〈뉴욕타임스〉 1973년 8월 6일 자

뉴욕 백화점에 갔다가 명품들만 파는 코너에 아주 멋진 실크 드레스가 있길래 라벨을 봤어요. 그런데 놀랍게도 'Nora Noh'라고 영어로 쓰여 있고 태극 문양까지 있는 거예요. 어찌나 감동스럽던지…….

—가수 윤복희

노라노의 옷을 주문한 이는 미국 뉴욕의 대표적인 백화점 가운데 한 곳인 삭스 백화점 고급 여성복 구매 담당자였다. 국내에서는 최근에야 이러한 시스템이 보편화됐지만, 미국은 이미 1970년대부터 최고급 백화점 매장은 구매 담당자인 '바이어'가 전 세계 디자이너 의류 가운데 가장 뛰어난 상품을 직접 선정해서 매장을 꾸미는 이른바 '디자이너 편집숍' 형태로 운영됐다. 이런 디자이너 편집숍은 그 백화점의 구매 역량을 보여주는 바로미터였고, 당연히 백화점 매출과도 직결되는 매우 중요한 섹션이었다. 패션의 불모지나 다름없이 취급받던 한국이라는 나라의 이름 모를 디자이너가 만든 옷이 패션 산업의 심장부라는 뉴욕의 최고급 백화점에서 팔리게 된 것이다.

벅찬 기쁨도 뒤로하고 노라노와 그녀와 함께 일하는 패턴사와 재봉사 그리고 공장 직원들은 밤샘 작업에 돌입했다. 3개월 안에 납품을 해야 하는데 마침 추석 연휴가 걸려 있어 시간이 절대 부족했다. 한반도 상품화된 적 없는 여성복 국산 실크를 가지고, 그것도 그냥 보통 옷이 아니라 무려 350벌에 달하는 고급 옷을 3개월 안에 미국 매장에 걸어야 하는 상황이었다. 추석 당일, 혼자라도 뭔가를 해야겠다 싶어 나온 공장에는 믿기 힘든 광경이 펼쳐졌다. 재단사와 패턴사를 포함한 공장 직원 전원이 모두 나와서 일을 하고 있었던 것. 당연히 고향에 내려갔을 것이라 생각했던 노라노는 감격했다. 지금도 그때를 생각하면 눈시울이 붉어진다는 그녀는 순수한 열정으로 자신의 일에 최선을 다했던 그때 그 사람들을 잊지 못한다. 그날 노라노는 자신과 함께 일하는 이들에게 언제나 자신이 할 수 있는 최고의 대우와 함께 인간적인 의리를 지키겠다고 다짐했다. 공장 직원들은 이후 수십 년간 노라노 패션을 함께 일궜고, 지금도 스승의 날이면 노라노를 찾아온다.

"그래, 실크다!" 1974년 뉴욕 패션쇼

> 소재는 모두 한국산이며 멋진 프린트의 모티브는 한국 미술
> 인 신사임당에서 얻은 것이라고 패션쇼 소개 책자에 적혀 있
> 었다. 그런 설명이 없었더라면, 난 그저 유럽의 디자이너라고
> 생각했을 것이다. 노라노 컬렉션은 시대감각에 맞으면서도
> 아주 적절하게 절제된 멋이 흐르고 있었다.
>
> ─퍼트리샤 셸턴, 〈시카고데일리뉴스〉 10월 31일 자

　　1973년 파리 프레타포르테 진출, 그리고 불가능처럼 보였던
미국 뉴욕 삭스 백화점 납품 이후 노라노에게 또 하나의 기회가
찾아온다. 한국잠사협회에서 국산 실크 소비 촉진을 위해 노라
노에게 패션쇼를 부탁한 것. 노라노는 잠사협회에 역제안을 한
다. 아직 국내에선 실크옷을 입을 만큼 경제력을 지닌 인구가 많
지 않으니, 차라리 미국 뉴욕에서 바이어들을 대상으로 패션쇼
를 열어 외화를 벌어들이는 것이 어떠냐는 아이디어를 제시했
다. 패션쇼도 열고 외화도 벌 수 있는 일거양득의 제안은 받아들
여지고, 그녀는 한국인 최초로 미국 뉴욕에서 패션쇼를 열기 위
해 준비를 돌입한다. 잠사협회가 후원을 해준다고는 하지만 미
국, 그것도 뉴욕 한복판에서 미국 바이어를 공략할 수 있을 만
큼 수준 높은 패션쇼를 위해선 상당한 예산이 필요했다. 일이 주
어지면 최선의 결과를 위해 돌진하는 노라노는 패션쇼 제안서를

1974년 뉴욕에서 열린 '노라노 실크 패션쇼'에서 족두리를 변형한 화관을 쓰고 피날레를 장식하고 있는 모델 미스스페인 암파로 무뇨스 양. 신사임당의 〈초충도〉 등에서 아이디어를 얻어 한국 고유의 전통 이미지를 프린트한 실크 옷은 현지 유력 미디어의 격찬을 받았다.

들고 상공부 장관을 찾아간다. 국산 실크로 만든 옷을 수출하면 엄청난 부가 가치로 이윤이 크게 남는다는 점을 강조한 제안서에 상공부 장관은 지원을 약속한다.

1974년 미국 현지 시간으로 10월 30일 오후 5시 15분, 드디어 뉴욕 최고급 호텔인 맨해튼 플라자호텔에서 '노라노 실크 패션쇼'가 열렸다. 참석자들은 미국 뉴욕 고급 백화점 구매 담당자와 패션 저널리스트들이었고, 1974년 미스스페인인 암파로 무뇨스 양을 비롯해 동양인과 흑인 등 여덟 명의 다국적 일류 모델들이 무려 50벌에 달하는 의상을 선보였다. 한국산 실크에 한국적인 모티브를 세련되게 담은 고급 실크 패션은 격찬을 받았다. 당대 미국 3대 패션 평론가로 꼽히는 퍼트리샤 셸턴은 노라노와 따로 인터뷰도 하지 않고 조용히 쇼만 관람하고 나서 다음 날 이례적으로 극찬을 한 감상평을 보도해 화제가 되기도 했다.

오십, 잔치는 시작됐다······ 뉴욕 본격 진출

전 20대 초반에 미국 유학에서 돌아왔어요. 그때 우리 가족이, 우리나라가 형편이 좋았다면 전 미국에 남아서 디자이너가 됐겠죠. 그러나 그럴 수 없는 형편이어서 귀국했던 제가 30년 만에 미국 시장에 정식으로 도전하다니 정말 가슴이 벅찼죠. 50대는 정말 멋진 나이예요. 충분한 경험과 연륜이

쌓였지만, 아직도 에너지가 충만한 나이거든요.

50대에 막 접어든 1979년은 그녀에게 잊을 수 없는 한 해다. 1949년 한국인 최초로 미국에서 패션 공부를 하고 귀국했던 노라노가 무려 30년 만에 세계 패션의 중심가라는 뉴욕, 그 가운데서도 하이패션의 정점인 7번가에 본격 진출하는 역사를 이룬 해이기 때문이다. 물론 1973년 파리 프레타포르테에서 주문받아 최고급 백화점인 삭스에 옷을 판매한 전례가 있지만, 그건 어디까지나 바이어가 선택한 일시적인 행운이었다. 1974년 미국 뉴욕 패션쇼를 열면서 미국 고급 패션 시장의 취향과 진입 장벽을 가늠해본 노라노는 마흔 중반부터 본격적으로 미국 시장 진출을 위한 준비를 해나갔다. 자신의 인생을 돌이켜보면서 40대와 50대에 인생의 가장 중요한 성취를 이뤘고 벅차게 충만한 시기였다고 노라노는 말한다. 사실 그녀의 인생에 대해서 꼼꼼히 취재를 하기 전에는 국내 최초 패션쇼를 열고 은막과 가요계 스타들의 의상을 담당했던 20, 30대를 그녀의 최전성기라고 생각했다. 그러나 취재를 하면서 그녀의 40, 50대에 이룬 놀라운 성과가 제대로 세간에 알려지지 않았단 사실에 놀랐고, 그런 엄청난 성과를 이룬 이후에도 한결같이 바로 오늘도 옷을 만들고 있다는 사실에 다시금 놀랐다.

뉴욕 7번가. 이곳은 반세기 전이나 지금이나 언제나 세계적인 패션 브랜드와 디자이너 들이 매장과 쇼룸을 열길 원하는 세계 패션의 심장부다. 노라노는 바로 이곳에 1979년 자신의 이름

노라노가 직접 그린 쇼룸 초대장들. 그 시즌의 전략 제품을 직접 그려 넣은 직관적이고도 멋진 초대장으로 뉴욕 바이어들을 공략했다.

을 건 쇼룸을 연다. 1979년 한국은 박정희 대통령이 총격을 받아 사망하는 등 한치 앞도 예측키 어려울 만큼 비상시국이었다. 그러나 한국전쟁이 한창인 상황에서도 피난지인 부산에서 자신의 의상실을 열었던 노라노에게 이런 혼란은 아무것도 아니었다. 그녀는 흔들림 없이 미국 시장 진출에 박차를 가했다.

　1973년 파리 프레타포르테 진출, 1974년 미국 뉴욕 패션쇼 등 정부의 지원을 등에 업고 노라노가 손쉽게 미국 시장에 진출했으리라 생각할 수 있지만 실상은 전혀 달랐다. 세계 최정상급 패션 시장은 한두 번의 쇼를 성공했다고 쉽게 문이 열리는 곳이 아니었다. 무엇보다 노라노는 쇼를 위한 쇼는 싫었다. 노라노는 여성들, 특히 일하는 여성들이 입을 수 있는 '실용적이면서도 멋진 옷'을 만드는 사람이라는 자신이 설정한 아이덴티티에 충실하고 싶었다. 그녀는 세계 시장 진출이 언론의 찬사를 받으며 그냥 한 번 시도하는 차원에서 머무는 것은 애초부터 원치 않았다. 철저하게 자신만의 고유한 디자인으로 승부를 걸고 싶었고, 또 그런 옷을 통해 외화를 벌고 싶었다. 노라노는 미국 시장 진출을 1956년 국내 최초 패션쇼를 연 이래 20년 넘게 차곡차곡 준비해왔다. 첫 패션쇼 이후 매년 직접 파리 컬렉션을 자비를 들여 참관하며 세계 하이패션계의 흐름과 유리되지 않으려 노력했다. 이미 국내에서 상류층은 물론 영화계와 가요계 등 문화예술계에 가장 강력한 영향을 미치는 디자이너로 60년대부터 명성을 떨친 노라노는 굳이 미국 시장에 진출하지 않아도 충분한 돈과 명예를 얻고 있는 상황이었다. 성공이 불확실하고 실패하면 막대한 시간과 돈을 잃어야 하는 시도. 그러나 노라노는 누가 봐도 무모한 시도로 보이는 미국 시장에 도전했다.

이미 한국에서 더 올라갈 곳 없는 명성과 상당한 경제적 성취를 얻었음에도 왜 그녀는 오십에 어찌 보면 무모한 도전을 한 것일까? 게다가 1979년이라면 사회적으로 지금보다 더 은퇴를 빠르게 바라볼 시기였다. 바로 이런 선택이 노라노가 남다른 지점이다. 그녀는 새로운 선택을 할 때 기존의 시선과 기준으로 판단하지 않는다. 자신이 하고 싶은 가치 있는 일이라면 좌고우면하지 않고 돌진한다. 30년간 불모의 땅이나 다름없던 한국 시장에서 자신만의 디자인으로, 그리고 한국의 원단으로 명확한 성과를 이뤘으니 이제 미국 시장도 도전해볼 만하다고 판단했다. 또하와이에서 몇 년간 디자이너로 활동하면서 미국 시장의 특성도 파악했다. 섬유 수출에 있어 한도량이 없는 종목인 실크를 가지고 정확한 타켓을 잡아서 공략하면 승산이 있다고 봤다. 준비가 됐고 공략할 대상이 분명한데 하지 않을 이유가 없었다.

1979년 미국 백화점 쇼윈도 점령

쇼룸을 열고 뉴욕의 고급 부티크에서 700벌의 주문이 들어왔어요. 그때의 기분은 오히려 담담하더라구요. 드디어 시작이구나. 뒤이어 뉴욕 7번가 최고급 백화점 메이시스Macy's 백화점 1층 쇼윈도 열다섯 개가 전부 노라노 옷만으로 진열됐다는 소식을 들었죠.

노라노는 자신이 미국 시장에 정식으로 진출한 것이 1979년이라 여긴다. 뉴욕 맨해튼 플라자에서 패션쇼를 연 것이 1974년이니 그해를 미국 진출 원년으로 말해도 되는데 노라노는 정확하다. 미국 시장에서 옷을 팔아 정식으로 외화를 벌어들이기 시작한 해를 '미국 진출'이라고 말해야 한다는 것이다. 1979년 세계 패션의 중심인 뉴욕 그곳에서도 고급 하이패션의 격전지인 맨해튼 7번가에 노라노는 자신의 이름을 건 쇼룸을 개장한다. 쇼룸이란 말 그대로 그 시즌의 대표적인 상품들을 전시해 보여주는 곳이다. 매 시즌마다 그 시즌의 주력 상품으로 구성된 컬렉션을 쇼룸에서 선보이는 동시에, 언제든 디자이너의 옷이 팔릴 수 있게 전문 직원이 상주한다. 일반 고객 대상이 아니라 바이어를 대상으로 주문을 받기 위해 만든 공간이라는 점에서 매장과 차이가 있다.

당시 미국의 고급 여성복 시장은 디자이너들의 쇼룸과 고급 부티크, 고급 백화점이 유기적으로 연결되는 시스템이었다. 제품력이 있는 디자이너들이 자신의 이름을 건 쇼룸을 열면 여기에 고급 부티크와 백화점 바이어들이 직접 옷을 본 뒤 마음에 드는 옷을 부티크와 백화점에 납품하는 형태였다. 결국 쇼룸에 상업적이면서도 매력적인 옷을 전시해서 바이어들의 시선을 끄는가가 관건. 노라노의 쇼룸은 패션쇼도 전문 직원도 필요할 때 나설 준비가 되어 있었다.

우리나라 방송국 개국의 창설 멤버였던 부모님의 재능을 물려받은 것일까? 노라노를 인터뷰하면서 느낀 점 중 하나가 그녀는 본능적으로 미디어, 홍보에 대한 감각이 뛰어나다는 것이다. 노라노는 정상급 디자이너들이 각축을 벌이는 정글 같은 뉴욕 시장에 살아남기 위해선 노라노 브랜드가 어떤 옷인지에 관한 위치 선정이 중요하다고 판단했다. 70년대나 지금이나 뉴욕은 실용적이면서도 고급스런 하이패션의 심장부. 그녀는 수출량에 제한이 없는 실크를 선택했고, 그 가운데서도 실크 드레스를 전략 아이템으로 잡았다. 자신이 팔아야 할 종목을 정하자 이제 남은 것은 어떻게 매혹적으로 바이어들을 끌어들일지였다. 그녀는 바이어들을 쇼룸에 초청하는 초대장을 직접 디자인했다. 노라노 제품을 착용한 아름다운 여성을 손수 그려서 초대장을 만든 것. 매우 아름다우면서도 독특했던 이 초대장 덕분인지 노라노 쇼룸은 개장과 함께 바이어들의 방문이 이어졌고, 개장과 함께 700 벌의 첫 주문을 받았다.

특히 뉴욕 최고급 백화점이며 당시 전 세계에서 최대 매장 면적을 지닌 메이시 백화점 1층 쇼윈도를 노라노 옷이 전부 도배하는 일대 사건도 벌어진다. 통상 백화점 1층 쇼윈도는 그 시즌의 매출을 책임질, 가장 전략적인 상품이 걸린다. 당연히 한 디자이너의 옷으로 전부 쇼윈도를 꾸미는 일은 극히 이례적인 일. 그만큼 노라노의 옷이 상품성은 물론 해당 시즌의 트렌드를 잘 감안하고 있다는 방증이었다.

백화점의 얼굴이라 할 수 있는 1층 쇼윈도에 노라노 옷을 건 미국 메이시 백화점. 쇼윈도에
'Nora Noh'라 적혀 있다. 모두 국산 실크로 만든 의상들.

일단 쾌조의 스타트를 벌였지만, 사실 그때부터 시작이었다. 우리나라에도 가수들에게 소포모어 징크스가 있듯이, 뉴욕에 진출하는 디자이너들에게도 두 번째 컬렉션 징크스가 존재했다. 데뷔는 멋지게 성공해도 그다음 컬렉션부터 고전을 면치 못해서 결국 문을 닫는 디자이너들이 속출했기 때문이다.

사상 최초 연 1000만 달러 수출

두 번째 컬렉션에서 노라노는 자신이 가장 자신 있는 디자인으로 승부수를 걸었다. 단순하면서도 어떤 자리에도 어울리는 격조 있는 디자인의 '스트라이프 드레스'였다. 이 드레스는 이후 5년 가까이 미국 시장에 팔린 스테디셀러가 됐고, 노라노 브랜드를 미국 시장에 안착시키는 데 결정적 역할을 한 효자 상품이 되었다. 일명 '노라노 드레스'로 불린 이 옷은 엄청난 카피 제품이 나올 정도였다.

1979년 뉴욕에 본격 진출한 이래 노라노는 수년간 한 해 5만 피스 이상의 옷을 수출해 1000만 달러 이상의 수출고를 올렸다. 천문학적인 실적이었다. 노라노는 다양한 소재와 복잡한 디자인 대신 소재와 디자인에 '선택'과 '집중'을 하는 전략을 구사했다. 소재는 실크, 그것도 국산 실크만 고집했고, 디자인은 실크의 고급스러움이 잘 드러나면서 카피가 어려운 자체 프린트로 승부

NORA NOH

nora noh

미국 〈보그〉〈바자〉 등에 실린 노라노 패션. 맨 아래는 연 1000만 달러 수출에 결정적인 기여를
한 대표적 히트 아이템이다.

했다. 미국 시장의 고급 실크 원피스의 가격은 평균 500달러 이상으로 만만치 않은 가격. 노라노는 한국산 실크로 가격은 대폭 낮추면서 질은 더 좋은 옷을 만들었다. 그녀는 미국 시장에 진출할 때 자신의 옷을 홍보하는 홍보물의 카피 문구에서도 이런 의지를 분명히 드러냈다. "여왕처럼 보이는 데 왕의 몸값은 필요 없다." 비싸지 않은 가격임에도 당신을 여왕처럼 보이게 만드는 옷이라는 자신감 넘치는 카피는 바이어들의 눈길을 사로잡았다. 미국 수출용 의상만 전담하는 공장을 따로 설립한 그녀는 재봉사를 무려 100명을 고용해 월 3000벌 생산을 목표치로 정했다.

또 실크는 섬세한 섬유의 성격상 염색과 프린트가 까다로운 것이 문제였다. 여기에다 후안 미로나 앙리 마티스 등의 서양 화가들 작품에서 모티프를 얻어 개성적인 염색 프린트를 만들면 그걸 그대로 카피하는 외국 업체들이 생겨나기까지 했다. 뉴욕에서 노라노 옷을 산 뒤 홍콩의 공장으로 보내 똑같이 만드는 이들이 급증하자 노라노는 자신이 직접 프린트 공장을 세우기로 결심한다. 카피 상품이 범람하면서 정상 제품을 위협하자 특단의 조치로 쉽게 베낄 수 없는 고유의 오리지널 프린트를 창안하기로 한 것이다. 공장 부지를 수소문한 끝에 당시 막 조성이 시작되던 안산 반월공단에 공장을 세웠다. 국산 실크만 고집했던 노라노는 공장의 기계도 전부 국산으로 장만했다. 국내에서, 국내 기계로, 국산 실크로 만들어 세계에 수출해 외화를 벌어들이는 시스템. 정말이지 오랫동안 노라노가 꿈꾸던 상황이 실현되는 나날이었다.

뉴욕 철수와 청담동 시대

> 비즈니스는 자기 자신을 알아야 해요. 90년대에 접어들자 시
> 장이 변하는 것이 보이더라구요. 난 고급 옷을 만드는 디자
> 이너예요. 그게 내 정체성이죠. 저가 옷이 판을 치는데 어물
> 쩍거리다간 망하기 십상이죠. 1991년 뉴욕 시장에서 철수를
> 결정한 건 내가 일하면서 가장 잘한 결정 중 하나라고 생각
> 해요.

1989년 노라노는 국내 매장을 명동에서 청담동으로 이전한
다. 1963년 서울의 중심 상권이자 패션 1번지인 명동에 매장을
연 이래 26년 만의 매장 이전이었다. 이때는 명동에서 청담동과
압구정동으로 패션의 중심이 이동하는 시기였다. 아직은 명동보
다 땅값이 저렴한 때였던 만큼 노라노는 협소한 명동 매장을 팔
고 청담동에 단독 건물을 매입해 매장은 물론 작업실과 자체 제
작 공장까지 갖춘다. 이 청담동 매장은 2017년 기준으로 28년째
운영되며 현재도 이곳에서 노라노가 매일 디자인 작업을 하고 있
다. 맨 위층은 자택으로 꾸몄으니 이곳에서 24시간 생활하는 셈
이다.

그리고 이듬해인 1991년, 뉴욕에 진출한 지 12년이 되는 해,
노라노는 뉴욕 시장에서 철수를 결정한다. 이때 그녀 나이 예순
네 살. 나이도 들었으니 이제 쉬겠다는 생각에 내린 결정은 아니

1989년 이전한 청담동 사옥. 노라노는 지금도 이곳에서 매일같이 옷을 만들고 있다.

었다. 철수의 이유는 노라노의 의지나 노력만으로 어찌할 수 없는 시장 환경의 변화 때문이었다. 1980년대 이후 시장 메커니즘에 경제를 맡기자는 신자유주의가 전 세계를 강타한 이후, 패션업계 역시 대중적인 브랜드가 무섭게 성장했다. 고품질인 만큼 가격이 비싼 고급 디자이너의 옷을 입는 계층이 급격히 줄었다.

패션 시장이 빠르게 변화하는 흐름을 바라보며 노라노는 자신의 정체성을 깊이 고민했다. 사업을 하고 있지만, 근간은 디자이너라는 사실을 상기했다. '실용적인 동시에 멋진 디자인, 높은 완성도를 갖춘 옷.' 이것이 그녀가 평생 추구하던 가치였다. 그러나 변모하는 세계 패션 시장, 특히 심장부인 뉴욕에서는 고급 디자이너의 옷을 입는 계층이 빠르게 줄어들고 있었다. 의류의 대량생산 체제가 가속화되면서 저렴하면서 대중적인 패션 브랜드들이 폭발적으로 늘어났다. 노라노는 이런 상황들이 일시적인 현상이 아니라고 판단했다. 고급 옷 시장이 완전히 사라지진 않겠지만, 패션의 중심축이 대중적이며 상대적으로 저렴한 브랜드 중심으로 이동하리란 노라노의 예측은 적중했다.

일본과의 동업 무산

70년간 수많은 결정을 내렸지만, 후회하는 결정이 하나 있어요. 바로 일본 시장의 동업 제의를 거절한 것이죠. 그러나 인생에서 언제나 최선의 결정만 할 수 있나요. 신이 아닌 이상 당연히 오판도 하고, 그에 따라서 후회도 하고. 그게 인생이 니까.

1979년 뉴욕 시장에 진출해 승승장구했던 노라노. 1990년에는 일본 도쿄 아오야마에 쇼룸을 열고 일본 시장에 진출했다. 초기 실적은 나쁘지 않았다. 그러나 일본 시장은 서구인 미국과는 큰 차이가 있었다. 노라노의 주력 제품은 실크인데 기후가 습한 일본에선 보관이 쉽지 않아 실크 옷이 환영받지 못했다. 일본 진출 초기, 일본 유수의 종합상사인 미쓰이 상사에서 동업을 하자는 제안을 받는다. 미쓰이가 투자를 총괄하고, 노라노는 디자인을 책임지고, 여기에 경륜이 많은 의류 업체인 소사구야가 유통과 판매를 책임지는 형태였다. 이렇게 일을 분담하는 방식으로 동업은 순조롭게 진행된다. 그러나 최종 계약서 사인을 목전에 두고 일본 측 파트너가 제품에 '노라노' 라벨 대신 '하디 에이미스'라는 영국 디자이너의 라벨을 붙이자는 요구를 한다. 이런 무례한 제안에 당시 노라노 일본 지사장이 발끈해서 동업을 무산하자고 노라노에게 건의하고, 노라노 역시 이에 동의한다.

그러나 훗날 돌이켜보니 어리석은 결정이었다. 한국과는 완전히 다른 일본 업계를 배울 수 있는 좋은 기회였는데, 이름을 빼자는 제안에 자존심이 상해 너무 성급하게 동업을 뿌리친 것은 실책이었다. 결국 이후 7년간 일본 시장의 문을 계속 두드렸지만 성과는 그리 좋지 않았고, 일본 시장도 철수를 결정한다.

일본 시장을 최종적으로 접은 1997년은 노라노가 꼭 일흔이 되던 해. 이해는 노라노는 물론 한국의 많은 사람들의 운명도 바뀐 해였다. 바로 외환 위기의 직격탄을 맞으며 IMF 체제하에서 사상 초유의 경제 불황이 시작된 해이기 때문. 한국 매장도 위기를 맞았다. 한국 사업을 대대적으로 축소했다. 직원을 대폭 줄이고, 청담동 사옥도 임대로 돌렸다. 매장도 대폭 줄였다. 한국 사업을 워낙 순식간에 축소해버리자 주변이 놀랄 정도였다.

1979년 미국 시장에 진출했던 시절.

노 라 노 를   말 하 다

의류학 박사, 숙명여대 강사

대표적인 노라노 연구가인 한수연 박사. 그녀는 노라노와 인연이 남다르다. 모친이 바로 노라노 드레스를 입고 나가 1965년 미스코리아 선에 당선된 최승자다. 그러나 노라노와의 깊은 인연은 모친 못지 않다. 의류학을 전공한 뒤 노라노 휘하에서 디자이너로 일하기도 했던 한수연 박사는 노라노의 패션 세계를 오랜 기간 연구하고 논문도 썼다. 학문적 관점에서 노라노 패션에 주목할 만한 점은 무엇일까?

일단 한국 최초의 디자이너로 자신의 브랜드를 만들며 국산 면, 모, 실크 등 국산 원단을 직접 개발했다는 사실이 매우 의미 있습니다. 외국의 디자이너들 가운데도 자국의 원단을 애용하는 이들이 그리 많지 않아요. 자신의 패션의 완성도만 생각하기 바쁘지, 자국의 원단 수준을 올려야겠다는 생각을 하기란 쉽지 않죠. 국산 원단의 수준이 척박했던 50~70년대, 노라노는 단순히 디자이너의 수준을 뛰어넘어 국산 원단 생산가로서의 역할도 해낸 겁니다. 그 덕분에 우리의 면직물과 모직물, 견직물의 수준이 한 단계 오른 것은 물론이고 한국의 패션 수준도 올라갔죠. 국산 원단을 발굴해 그것으로 좋은 제품을 만들었다는 사실이 중요합니다.

한수연 박사는 기성복을 우리나라에 도입한 최초의 인물이라는
점도 잊지 말아야 한다고 강조한다.

기성복의 도입은 패션뿐만이 아니라 사회 전체의 시스템에 혁신
적인 변화를 가져오는 일입니다. 기성복이 일상화되면서 여성의 사
회 참여, 의류 산업의 비약적 발전이 촉발됐으니까요. 지금은 너무
나 당연하게 느껴지는 기성복이 불과 반세기 전, 1966년 노라노가
우리나라에 정식 도입할 때만 해도 상상하기 힘든 개념이었죠. 노
라노는 굉장한 혁신가입니다. 특히 기성복 도입에서 나아가, 본인이
다년간 축적한 데이터를 통해 한국 여성 표준 사이즈의 기준을 만
들었다는 것은 더욱 높게 평가할 부분입니다. 기성복의 근간은 정
확한 사이즈거든요.

박성목

트렌드 전문가

패션모델 출신 트렌드 전문가 박성목은 자신이 만나본 수많은 유
명 인사를 통틀어 노라노가 단연 '최고의 패셔니스타'라고 말한다.

오랜 기간 뵈었지만 신체 사이즈가 전혀 변함이 없으세요. 나이
가 들면 살이 찌거나 허리가 굽기 마련인데 지금도 너무나 날씬하
고, 자세는 꼿꼿하시죠. 일할 때 블랙으로 통일해서 입는 스타일
은 감탄할 만큼 매력적이고요. 늘 차고 다니시는 액세서리도 너무
멋진데, 여쭤보니 모두 수십 년 된 것들이더군요. 진짜 멋쟁이들은
오래된 것들의 아름다움을 잘 알거든요. 자신만의 취향이 확고하
고, 자신이 어떤 차림새일 때 가장 자기답다는 것을 잘 아는, 한국
의 스타일 아이콘이시죠.

1년에 한 번 노라노와 즐거운 식사 자리를 갖는 박성목은 노라노
의 손을 볼 때마다 감동을 느낀다.

노라노 선생님을 뵐 때면 전 꼭 손을 바라보게 됩니다. 70년간

옷을 얼마나 열심히 만들었는지를 그대로 증명하는 손이죠. 그보다 아름다운 손은 본 적이 없어요. 지금도 손톱을 아름답게 길게 길러서 손 자체의 아름다움도 포기하지 않으시고요. 자신의 일을 열심히 하는 사람은 나이가 들어도 얼마든지 아름다울 수 있다는 것을 보여주는 분이세요.

아
흔
의　노
　라
　노

아흔······ 노라노 패션의 현재

　미국과 일본 시장 등을 정리하면서 축소됐던 노라노의 패션 사업은 최근 몇 년 새 다시 기지개를 켜고 있다. 자식이 없는 노라노는 동생 노현자의 아들과 그 며느리, 즉 조카와 조카며느리와 일하고 있다. 조카며느리인 정금라는 노라노 패션을 이을 후계자로, 노라노에게서 직접 디자인의 핵심과 철학을 사사했다. 후계자인 정금라와 노라노는 최근 미국, 중동, 유럽, 중국 등에 집중적으로 옷을 수출 중인데 특히 이들 지역에 있는 상류층을 주요 고객층으로 시장을 확대하고 있다. 고급 여성복이라는 노라노 패션의 정체성을 잃지 않으면서 잠재 수요층이 많은 곳을 오랜 기간 시장조사를 통해 개척해냈다. 정금라의 딸, 즉 노라노의 조카손녀가 수출 활로 등 해외 마케팅을 담당하고 조카며느리인 정금라가 노라노와 함께 디자인 작업을 총괄해서 옷을 만들어낸다.

　아흔을 맞은 노라노는 이제 자신은 뒤에서 관조하며 지원할 때라고 생각한다. 70년간 잔 다르크처럼 자신이 모든 것을 결정하던 게 무색하게, 수십 년간 지도한 후계자가 '노라노'라는 이름을 걸고 옷을 만드는 이 상황이 편안하다고 느낀다. 다만 그녀가 옷에 있어서 핵심이라고 생각하고 그 어떤 디자이너보다 뛰어나다고 생각하는 '패턴'만큼은 지금도 손수 챙긴다. 2016년부터 수출량이 급증하면서 더욱 바빠졌다. 수출해야 하는 수천 벌의 옷

패턴을 모두 노라노가 직접 챙기기 때문이다. 그러나 일이 바쁠수록 행복해지는 노라노는 아흔인 지금, 여전히 일을 한다.

70대 중반 큰 사고, 80대 암수술

다들 죽는다고 했어요. 워낙 크게 넘어졌으니. 그런데 손끝 하나 부러지지 않고 깨어났죠. 사실 그 삶은 정말 선물이라고 생각하고 살아요. 지금 당장 죽어도 여한이 없을 만큼 열심히, 최선을 다한 인생이라고 자부할 수 있어요. 그게 유일한 제 자랑이죠.

노라노는 70대 중반에 죽을 뻔한 사고를 겪는다. 청담동 사옥에서 외출하러 나오던 중 구두의 힐에 코트가 걸리며 그대로 계단에서 굴러버린 것. 의식불명이 네 시간 동안 이어진 뒤 깨어났는데 놀랍게도 손가락 하나 부러지지 않았다. 그러나 이마에 크게 상처를 입어 이후부터 오랜 기간 고수해온 헤어스타일을 바꾼다. 이전에는 이마를 훤히 드러내 머리를 깔끔하게 묶고 다녔지만 사고 이후에는 앞머리를 살짝 내리는 숏 커트로 스타일을 바꿔 상처를 가렸다.

그리고 10년 뒤 노라노는 암 수술을 받는다. 건강검진을 하다 방광암을 발견한 것. 다행히 수술 이후 2년이 지난 지금은 예후가 좋아 안심해도 좋다는 진단을 받았다.

아흔인 노라노는 언제 봐도 흰머리가 하나도 없다. 3주일에 한 번씩 본인이 직접 자라난 흰머리 부분만 염색을 하고 2, 3개월에 한 번은 미용실에 가서 전체 염색을 한다. 지금도 머릿결은 20대 못지않게 부드럽고 숱도 풍부하다. 언제 어디서나 나이와 상관없이 그만의 아름다움을 지니고 또 유지하기 위해 노력해야 된다고 생각하기 때문이다.

속눈썹을 붙이지 않으면 노라노가 아니다

2015년 문화훈장을 받은 적이 있어요. 주최 측에서 메이크업을 해준다기에 거의 처음으로 남의 손에 얼굴을 맡긴 적이 있는데, 나중에 그날 찍은 사진을 보고 깜짝 놀랐어요. 가부키 배우처럼 이상한 게, 노라노같이 나오지 않은 거죠. 그때 깨달았죠. 나이 든 얼굴에 진한 화장은 금물이구나. 내 얼굴은 내가 가장 잘 아니까 언제든 내 얼굴은 직접 만져야겠구나.

아흔의 노라노는 지금도 속눈썹을 붙이지 않으면 외출하지 않는다. 지난 10년간 그녀를 셀 수 없이 많이 만났지만 단 한 번도 그녀가 속눈썹을 안 붙이고 화장을 하지 않은 모습을 본 적이 없다. 그녀의 트레이드마크인 긴 속눈썹은 과연 언제부터 붙였을까? 놀랍게도 1946년 경기여고를 졸업한 열아홉 살 때부터다. 70년 넘게 잠잘 때 외에는 눈에서 떨어지지 않은 셈. 아흔이 된 지금도 어릴 적 소꿉친구가 그녀의 속눈썹을 무상으로 선물해준다. 속눈썹 무상 제공의 주인공은 '용호'라는 아주 어릴 적 친구다. 용호는 한동안 소식이 끊겼다가 1970년대 다시 재회했다. 70년대에 속눈썹을 미국에 수출하는 사업을 시작한 용호는 현재는 전 세계 속눈썹 산업을 좌지우지하는 굴지의 사업가가 됐다. 그는 지금도 넉넉하게 그녀 전용 속눈썹을 보내주고 있다.

그녀에게 화장은 옷을 입는 것과 마찬가지다. 아흔의 그녀는 매일같이 화장을 한다. 출근하기 전 얼굴을 매만지는 모습을 옆에서 지켜보고 있으면 노라노에게 화장은 하나의 의식 같다는 인상을 받는다. 오늘도 주어진 소중한 하루를 최선을 다해 아름답게 살아내겠다는 자신에게 하는 약속이랄까? 파운데이션을 옅게 바르고, 작은 솔을 이용해 입술을 바르는 모습은 진지하기 이를 데 없다. 화장은 출근하기 전 한 차례로 끝나지 않는다. 점심을 먹고(그녀는 특별한 약속이 없으면 대부분 작업실 바로 위층 자택에서 점심을 먹는다) 다시 오후 작업을 하기 위해 작업실로 향하기 전 수정 화장을 한다. 수정 화장은 간단하다. 화장이 좀 벗어진 부분을 콤팩트로 보완하는 정도다. 그러나 식사와 양치로 다 지워진 입술만큼은 꼼꼼하게 바른다.

우리가 혼자 일한다고 해서 옷을 벗고 있지 않듯이, 그녀에게 화장은 타인은 물론이고 자신에 대한 기본적인 예의인 셈이다. 자신을 언제나 아름답게 꾸미는 일은 노라노 삶의 오랜 원칙이

기도 하다. 그녀의 젊은 날 어떤 사진을 봐도 모델 같은 모습인 것에서도 확인할 수 있다.

아흔의 일상

아흔인 노라노의 하루는 일찍 시작된다. 매일 새벽 5시면 일어나 자신만의 스트레칭 체조를 약 45분가량 한다. 스트레칭하는 모습을 옆에서 지켜본 적이 있는데, 그 유연함은 믿기지 않을 정도였다. 유별나게 어려운 동작은 없다. 다리와 등, 어깨, 팔 등을 고루 펴주는 기본적인 동작들 위주로 한다. 이런 스트레칭을 노라노는 수십 년간 해왔다. 매일 밥을 먹는 것처럼 스트레칭을 해온 덕분에 아흔인 그녀는 지금도 자세가 전혀 구부정하지 않다. 뒤에서 누가 등을 잡아당기는 것처럼 등은 활처럼 펴 있고, 허리는 언제나 꼿꼿하다.

스트레칭이 끝나면 아침을 먹는다. 그녀의 아침 식사에 초대받았을 때 일단 그 양에 놀랐다. 다양한 채소와 과일을 간 주스, 고구마, 사과, 바나나 등으로 차린 아침상은 건강한 성인 남자도 배가 부르다 싶을 만큼 풍성한 양이었고, 하루에 필요한 영양소가 완벽하게 갖춰진 식단이었다.

식사를 마치면 이제는 하루치의 본격적인 운동을 한다. 그녀의 거주 공간이자 작업실이 있는 그녀의 자택은 바로 학동사거리. 자택에서 아주 가까운 도산공원에 가서 매일같이 걷기 운동을 한다. 이렇게 아침마다 걷기 운동을 한 지도 이미 수십 년째. 워낙 오래 도산공원에서 아침 운동을 한 덕분에 그곳에서 사귄 운동 친구들도 많다. 대부분은 그녀보다 연배가 어린 70, 80대다.

아흔에도 주중 일곱 시간 근무

노라노는 월요일에서 금요일까지는 반드시 하루 일곱 시간 일한다. 아침 운동을 마치고 샤워를 한 뒤 화장 등 출근 준비를 해서 바로 아래층인 작업실로 내려가는 시간은 오전 9시에서 9시 반 사이. 출근과 동시에 일을 시작한다. 그리고 두 시간에 한 번정도는 반드시 휴식을 취한다. 휴식 때는 떡이나 과일 등 가벼운 간식을 먹는다. 그리고 12시에서 12시 반이면 점심을 먹고, 작업실 바로 위층인 집에서 커피나 차를 마시며 휴식을 취한 뒤 1시 반에서 늦어도 2시에는 다시 작업실로 돌아와 일을 한다.

수십 년째 같이 일해온 두 명의 샘플 기술자는 굳이 얘기하지 않아도 노라노의 마음을 읽는다. 그래서 이들은 일을 하면서 거의 말이 없다. 재봉틀 소리와 라디오 소리만이 공간을 메우고 그녀는 무언가에 집중할 때 나오는 특유의 입 모양을 한 채 오직 옷 만들기에만 집중한다.

놀라운 사실은 내가 그녀를 처음 봤던 10년 전인 2007년과

정시 출근, 정시 퇴근을 지키는 노라노.

2017년 현재 그녀의 일상이 하나도 달라진 점이 없다는 사실이다. 그때도 정시 출근해 정시 퇴근하는 규칙적인 일상이 놀라웠는데, 10년이 지나 아흔이 된 지금도 그 일상은 똑같다. 자신이 절대적으로 사랑한 패션, 그에 대한 지극한 헌신과 성실함이 숭고하게까지 느껴진다.

노라노는 두 시간에 한 번씩 쉬어주면서 옷을 만든 뒤 늦어도 6시 이전에는 퇴근하는 생활을 주중에는 반드시 지킨다. 주말에도 토요일은 정오까지 스케줄이 평일과 같다. 다만 12시에 일을 마치면 점심 이후부터는 자유 시간을 갖는다. 이때 평일에 보지 못했던 책이나 TV 등을 보면서 여유로운 시간을 보낸다.

꾸준한 체력 관리

'어떻게 아흔이 되도록 그렇게 일을 할 수 있을까?' 그녀의 건강 비결을 궁금해하는 사람이 많다. 개인 트레이너에게 교습을 받는다든가 고급 마사지를 자주 받으리라는 예상은 보기 좋게 빗나간다. 대단한 무언가는 있다. 가벼운 스트레칭과 걷기를 하루도 거르지 않고 꾸준히 해왔다는 것.

가장 일을 많이 하던 중장년 시기에 노라노가 매진한 운동은 당시 서구에서 한창 유행하던 제인 폰다 에어로빅이었다. 비디오테이프를 통해 동작을 조금만 따라 해도 땀이 날 정도로 아주 강도 높은 에어로빅인데 노라노는 20년 가까이 이 운동을 했다. 중년에는 정말 눈코 뜰 새 없이 바빠 운동을 하기 위해 따로 시간을 낼 수조차 없었다. 바쁜 그녀에게 집에서 할 수 있는 제인 폰다 에어로빅은 아주 요긴한 운동법이었다.

50대에 노라노는 등산에 집중했다. 주말이면 거르지 않고 등산을 해서 수도권의 명산은 오르지 않은 곳이 없을 정도였다. 그러나 등산은 65세에 딱 중단했다. 만만치 않은 운동인 만큼 허리에 무리가 왔다. 여기서 노라노 건강 비결을 한 가지 더 엿볼 수 있다. 그건 자신의 몸에 무리다 싶으면 아무리 좋은 운동도 고집하지 않고, 나이에 맞는 적절한 운동으로 넘어가는 것이다. 그녀는 10년 주기로는 운동의 종류나 강도 생활 방식 등을 나이와 체력에 맞게 조정하는 것이 필요하다고 말한다.

야망을 품으면 일을 그르친다

제 건달 기질과 관련이 있기도 한 것 같은데, 전 뭐든 재미있겠다 싶으면 시도하는 성격이예요. 겁이 없죠. 저는 항상 인생에서 가장 중요한 것이 '챌린지', 기회가 왔을 때 그것에 응하는 것이라고 생각해요. 저는 어떤 일을 할 때 '앰비션'을 먼저 생각하지 않아요. 다들 야망을 가지라고 하지만, 전 야망을 먼저 생각하는 순간 일을 그르치게 된다고 생각해요. 기회다 생각하면 순수한 마음으로 그것에 임하는 것, 그게 제 삶의 모토죠.

노라노가 어느 날 나에게 물었다. "최 기자는 일을 할 때 어떤 각오로 하나요?" 난 대답했다. "최고의 결과물을 내야겠다는 생각으로 임하죠. 꼭 잘해내야지, 뭐 이런 각오를 하죠." 같은 질문을 노라노에게 했다. 그녀의 대답은 이랬다. "난 비즈니스를 할 때 망해도 좋다는 생각으로 임해요. 꼭 성공해야지 하는 생각은 절대 갖지 않죠." 이게 무슨 말이지? 잘될 것이라 자기 암시를 해도 될까 말까 한 것이 성공 아닌가? 갸우뚱하는 내 머릿속을 알아채기라도 한 듯 노라노는 말했다.

"'Boys, be ambitious.' 이런 말이 격언집에 나올 정도로 사람들은 다들 야망을 가지라고 말하죠. 근데 제 생각은 좀 달라요. 무엇이든 그 일로 인해서 얻게 되는 이익을 먼저 떠올리는 게 멋진 인생은 아닌 것 같아요. 저의 예를 들까요? 전 패션을 해서 어떤 걸 이루겠다는 야망이 없었어요. 그냥 어릴 때부터 옷이 좋았고, 옷을 만드는 것이 좋았죠. 열아홉 살에 이혼녀가 되어서 호구지책을 해야 하는 상황에서 운 좋게 미국 유학을 가게 되었어요. 제가 하고 싶은 일을 할 수 있는 '기회'가 왔을 때 잡았을 뿐이죠. 제가 패션으로 성공하겠다는 야망이 앞섰다면 유학을 하고 미국에 계속 머물렀겠죠. 그러나 전 다시 한국으로 왔어요. 그때 한국은 전쟁이 나기 직전이었고, 남과 북이 대치하면서 정말 어수선했죠. 뭐든지 풍요롭고 패션의 종주국인 미국에서 사는 것 자체가 성공이라 불리던 시기였으니, 한국으로 가는 저를 다들 이상하게 생각했어요."

자신이 정말 좋아하는 일을 하되, 그것으로 어떤 성공을 이루겠다는 욕망을 버리면 역설적으로 성공할 가능성이 더 큰 것이 인생인 것 같다는 노라노. 아흔 평생을 살아보니 자신의 경우는 그렇다고 말한다.

디자이너, 그 화려한 직업의 음영

사실 디자이너는 화려해 보이지만 알고 보면 감정 노동자예요. 고객들의 비위를 맞춰야 하죠. 예전에 전 싫은 고객 때문에 우울증에 빠지기 직전까지 갔어요. 싫어하는 고객이 가봉 예약이 잡혀 있는 날에는 출근하기가 싫을 정도였죠. 좋은 고객도 물론 많았지만 진상 고객도 적지 않았죠. 싫다고 생각하니 더 싫어지기만 하고 참 답이 없었죠. 전 벼랑 끝에서 생각을 바꿔보자고 스스로를 타일렀어요. 싫은 사람에게 아주 작은 부분이라도 괜찮은 부분을 찾아보자고요. 근데 정말 이상한 사람도 딱 하나 좋은 점은 있기 마련이거든요. 그냥 그 부분만 보는 거죠. 물론 쉽지는 않아요.

디자이너는 고고하게 홀로 작업하는 직업이 아니다. 노라노는

40대 이후 미국 시장에 진출하며 고급 기성복도 만들었지만, 기본적으로 평생 고객을 직접 만나 응대하며 고객의 신체와 취향에 맞춰서 옷을 제작하는 고급 맞춤복 디자이너다. '손님맞이'는 일을 하기 위해선 어쩔 수 없이 겪어야 하는 중요한 과정이다. 한창 디자이너로 명성을 알리던 30, 40대에 노라노는 남모르는 속앓이를 해야 했다. 옷에 대해 말도 안 되는 트집을 잡거나 너무 잘난 척을 하거나 기본적인 배려심이 없는 손님들이 적지 않았다. 거기다 디자이너는 기본적으로 협업을 해야만 일이 가능한 직업이다. 자신의 디자인을 봉제사, 패턴사 등 실제로 옷이 생산될 수 있도록 수많은 이들과 커뮤니케이션을 해야 하는 일인 것. 노라노는 어느 순간 고객은 물론 직원 등과 일하면서 맺는 인간관계가 너무 버겁게 느껴졌다. 솔직하고 남에게 거짓말을 못하는 직선적이고 정직한 성격도 한몫했다.

속으로만 곪아가고 있던 시기, 노라노는 불현듯 자신이 사람들 바라보는 시선을 바꾸어야겠다고 결심한다. 자신이 생각해도 자신이 하는 말이나 행동도 때때로 참 마음에 안 드는 경우가 있는데, 하물며 타인이 자신의 마음에 들 수 없는 것 아닌가 하는 깨달음이 들었다. 무엇보다 계속 이렇게 사람들 때문에 스트레스를 받다 보면 디자이너 일을 계속 할 수 없겠다는 위기감이 컸다.

밥벌이를 위해 생각을 전환하자! 그 결심 이후 노라노는 싫은 이들을 만날 때 그 사람의 좋은 점을 유심히 관찰하기 시작했다. 아무리 이상한 사람도 아주 사소한 장점은 있기 마련이고, 그 장

노라노

친구들과 담소는 언제나 즐겁다. 노라노와 故 윤소정, 최은희.

점만 생각하기로 했다. 물론 쉽지 않았다. 그러나 오랜 시간 이른바 '장점만 보기' 훈련을 남몰래 하다 보니 결국은 어떤 고객을 만나도, 어떤 직원을 만나도 그리 힘들지 않았다.

노라노의 친구들

그녀는 친구가 아주 많다. 평생 동안 그랬다. 전 〈한국일보〉 기자 장명숙, 여기자 최초 프랑스 특파원인 전 〈조선일보〉 기자 윤호미를 비롯해 교수와 디자이너, 음악가, 주부 등 그녀의 친구들은 다양한 분야에서 활동했고 나이도 각기 다르지만, 공통점이 있다. 노라노의 옷을 한평생 입었고, 나이와 상관없이 노라노와 친구가 됐다는 점이다.

나이 차를 뛰어넘은, 특히 수십 년 이상 차이가 나도 우정을 나누는 친구가 많은 것, 노라노를 오랜 기간 취재하면서 놀라웠던 점 가운데 하나가 바로 이 부분이다. 노라노는 나이로 사람을 규정짓지 않는다. 자신보다 나이가 한참 어려도, 한명의 인격체로서 존중감을 잃지 않는다.

10년간 그녀와 만나 대화하면서 내가 느낀 감정 역시 '노라노는 나의 친구 같다'라는 것이다. 친구처럼 속내나 감정을 얘기해도 전혀 이상하지 않고 편안한 아흔의 존재, 아무나 되긴 힘들다.

유럽 여행중 동생 노현자와 함께. 웃는 모습이 참 닮은 두 사람. 동생은 어머니와 함께 노라노가
최고의 디자이너로 활동할 수 있게 만든 동반자였다.

인생의 동반자, 내 동생 현자

> 내 언니지만, 언제나 노라노는 단 한 번도 만만하게 생각할
> 수 없는 산 같은 존재였다. 아주 어린 시절부터 공부는 물론
> 춤 등 온갖 잡기에도 능했던 언니는 늘 멋있고 대단했다. 아
> 버지가 돌아가시고 나선 실질적인 우리 집안의 가장으로 나
> 를 비롯한 동생들을 모두 챙겼다. 언제나 성실하고 유쾌하며
> 따뜻한 언니와 일생을 함께해서 행복했다. 무엇보다 그녀의
> 일을 도우며 살아온 내 일평생이 자랑스럽다.
>
> ―노현자, 노라노 패션 대표

　노라노의 인생에는 두 명의 여성이 늘 함께했다. 젊은 시절에
는 어머니가, 그리고 어머니가 타계한 이후에는 동생인 노현자가
늘 그녀와 함께한 것이다. 네 살 어린 동생 노현자는 노라노 패션
의 대표직을 오랫동안 맡으며 평생 언니의 일을 도왔다. 노라노
가 디자인에만 전념할 수 있게 의상실의 크고 작은 모든 일을 도
맡아 한 것. 뛰어난 업적을 이룬 이들이 홀로 그 업적을 이뤄낼
순 없다. 주변에서 크든 작든, 그 사람을 돕는 이들이 있기에 가
능하다. 노라노의 삶 역시 마찬가지다. 그녀가 오직 옷에만 매진
할 수 있게, 어머니와 친여동생이 평생을 헌신했다. 동생 노현자
는 친언니를 누구보다 존경한다. 그러나 최근 들어 노현자의 건
강이 눈에 띄게 쇠약해졌다. 노라노는 그런 동생을 보면 마음이

참 짠하다. 그동안 평생 자신을 따르며 도와준 동생. 그런 동생이 이제 주변의 조력을 필요로 하는 상황이 됐으니 이제 자신이 동생을 더욱 살뜰히 챙겨야겠다고 다짐하는 나날이다.

박완서와의 우정

노라노의 청담동 자택. 침실 겸 서재로 쓰이는 공간에는 한쪽 벽면이 모두 책으로 꽉 차 있다. 일본어로 된 책도 많지만 한국문학 서적이 상당수이고, 역사와 예술 등 다양한 분야의 책이 있다. 이 가운데 박완서의 책이 적지 않다. 작가 박완서는 1931년생으로 노라노보다 세 살이 어리다. 2011년 여든하나에 타계한 박완서는 노라노와 우정을 나눈 친구 사이였다. 두 사람은 노라노가 책을 쓰기 위해 박완서에게 자문을 하면서 처음 만났다. 노라노의 경기여고 후배인 박완서의 딸이 연락을 취해 이뤄진 첫 만남부터 두 사람은 단박에 서로의 팬이 됐다. 굉장히 검소하고 알뜰한 사람이었던 박완서에게 가장 큰 사치는 바로 노라노의 옷을 사 입는 것이었다. 노라노는 박완서에 대해 조용하지만 하고 싶은 얘기는 정확하게 딱 하는 매력적인 사람이었다고 말한다. 거의 비슷한 연배의 두 사람은 막상 끔찍했던 한국전쟁 얘기는 그리 많이 하지 않았다고 한다. 문학과 인생에 대한 얘기를 나눌 뿐이었다. 노라노는 나이가 드는 것이 슬픈 딱 하나 이유는 삶에 대해 진지한 얘기를 나눌 참 좋은 사람들이 점점 사라지는 것이라고 말한다.

두 사람은 특히 한국전쟁 직후 참혹한 전쟁의 상흔이 고스란히 남겨졌던 서울에서 생존을 위해 분투했던 '신여성'이라는 공통점이 있다. 재미있는 사실은 두 사람 모두 미군 피엑스에서 일한 경험이 있다는 것. 서울대를 입학만 한 채 학업이 중단된 상황에서 미군 피엑스에서 가족을 먹여 살리기 위해 일했던 박완서. 그는 이때 겪었던 경험을 훗날 소설에서 매우 중요한 소재로 썼다.

노라노가 실제로 겪은 전쟁의 충격을 패션으로 승화했다면 박완서는 문학으로 남겼다. 박완서의 소설은 동시대를 겪었던 노라노에게 그 어떤 존재보다 큰 위안이 됐고, 노라노의 패션 또한 박완서에게 마찬가지로 안식이 됐다. 10년 전 노라노가 직접 쓴 자서전에 박완서가 남긴 추천의 글에는 노라노에 대한 깊은 애정이 전해진다.

"놀랍고 즐거운 책이다. 내가 염색한 미국 군복 바지를 입고 다니던 전후의 그 극빈한 시절에도 어딘가에 패션계가 있다는 건 얼마나 놀라운 사실인가. 더 신기한 건 지난날을 현재의 정신연령으로 윤색하지 않고 사실을 사실대로만 기술한 이 영원한 현역의 맑고 투명한 정신력이다."

주변인들이 하나둘 떠날 때

지금은 작고했지만, 저에겐 인생의 '소울 메이트'인 친구가 한 명 있었어요. 이무현이라는 이름의 〈한국일보〉 기자로 일했던 친구였죠. 둘 다 싱글이라 수십 년 동안 주중이면 열심히 일하고 주말이면 저희 집에서 함께 밥 먹고 책 읽고 대화하며 즐겁게 지냈죠. 근데 그 친구가 죽기 몇 해 전 어느 날 우리 집에 오더니 저에게 큰절을 하는 거예요. 자신의 정신이 온전할 때 꼭 저에게 고맙다는 인사를 하고 싶었다면서 이런 말을 남겼죠. "노라야, 네 덕분에 아주 단조로울 수 있었던 내 인생이 풍요로웠어. 너와 함께 읽은 책, 너와 나눈 대화들로 난 아주 행복했다. 고마워." 그 친구는 그렇게 큰절을 한 뒤, 얼마 안 있어 세상을 떠났어요. 그 친구가 제 곁을 떠난 지 몇 해가 지났지만, 아직도 그 친구가 너무나 보고 싶어요.

노라노는 오래 살면 서글픈 순간이 있다고 말한다. 바로 주변의 사랑하는 이들을 먼저 보내야 하는 상황이 그렇다. 물론 운 좋게도 후배들은 아직도 많이 있다. 그러나 그녀와 동년배 그리고 인생의 선배들이 거의 떠나고 없다는 사실은 그녀를 참 슬프게 한다. 함께한 세월을 추억할 수 있는 친구는 인생에 있어 무엇과도 바꿀 수 없는 소중한 존재라고 말한다. 놀라울 만큼 우울한 기분을 좀처럼 느끼지 않는 낙천주의자 노라노도 평생의 벗

이무현이 작고했을 때는 우울감을 떨쳐내기 힘들었다.

그리고 2017년 또 한 사람의 아끼는 사람과 이별했을 때도 그랬다. 바로 윤소정. 평소 너무나 건강했던 윤소정이었기에, 그녀의 갑작스러운 죽음은 노라노에게 너무나 큰 상심으로 다가왔다. 늘 노라노를 살뜰히 챙겼던 윤소정은 죽기 직전에도 노라노의 집으로 선물을 보냈고 조만간 뵈러 오겠다고 안부까지 전했다. 그리고 며칠 후 비보를 접했으니 노라노가 얼마나 황망한 마음이었을지는 짐작이 간다. 그러나 그게 인생이라는 사실을 노라노는 잘 안다. 인생이 영원하지 않듯이, 사랑하는 이들과의 시간도 유한하다. 매일 주어지는 하루하루가, 내 곁에 있는 사람들과 함께한 시간이 모여 인생이 된다는 진리를 체득한 노라노. 그래서 아흔이 된 지금 그녀는 언제 죽어도 여한이 없다고 말한다. 열심히 주변 사람들을 사랑하며 살았기에. 그들에게 꽤 괜찮은 사람이었다고 인정받은 충만한 삶이었다고 자부하기에.

현역의 노라노.

노 라 노 를 말 하 다

장광효
패션 디자이너

젊은 시절, 디자이너가 된 지 얼마 지나지 않아 노라노 선생님의 초창기 옷을 접했을 때 감동을 잊을 수가 없어요. 선생님이 50년대에 만든 옷이었는데, 완벽한 패턴은 물론 디자인도 서구의 유명 디자이너와 비교해도 전혀 손색이 없는 멋진 옷이었죠. 이렇게 훌륭한 디자이너가 윗세대에 존재한다는 사실만으로도 가슴 떨리게 뿌듯하고 좋았어요. 시간이 지나 직접 선생님을 뵙고 얘기를 나눌 수 있는 사이가 됐는데 그땐 또 한 번 감동했죠. 옷만큼 멋지고 쿨한 선생님의 매력에 푹 빠졌죠. 패션은 물론 인간적으로도 닮고 싶은 분이에요. 저도 선생님처럼 동시대적인 감각을 잃지 않으면서 오래도록 좋은 옷을 만드는 디자이너로 자리매김하고 싶어요.

노라노는 동료 디자이너가 교류가 그리 많지 않다. 그럴 수밖에 없는 것이 한국 패션 디자이너 1호로 일을 시작한 초반에는 원체 혼자뿐이었고, 후배 디자이너들이 급증한 시기에는 미국 시장 진출 등으로 워낙 바빠서 교류를 할 만한 겨를이 없었다. 자신의 일에 묵묵히 집중할 뿐 명성이나 존재감을 과시하기 위한 사교 활동을 열심히 하는 스타일이 아닌 그녀의 성격도 한몫했다. 그래서인지 그녀를 좋아하고 존경하는 후배 디자이너들도 수선스럽게 그녀를 떠받들거나 하는 이들이 없다. 그저 조용히 노라노의 업적에 존경심을 표하는 이들이 대부분이다.

그중에서도 한국의 대표적인 남성복 디자이너인 장광효는 오랜 시간 노라노를 조용히 챙겨온 후배다. 매장도 같은 청담동 가까운 곳에 있는 두 사람은 가끔 식사를 함께하며 같은 분야를 걷는 이들만이 교감할 수 있는 얘기들을 나눈다. '패션'이라는 공통된 필생의 화두 때문일까? 한번 만나면 대화는 세 시간 넘게 이어진다. 장광효는 정말 존경할 만한 '큰 어른'이 없는 요즘 시대에 노라노는 드물게 마음속에서 존경심이 우러나오는 대선배라고 말한다.

패션 디자이너는 보기에만 화려할 뿐, 실제로는 참 고달픈 직업이죠. 매 시즌 트렌드를 반영하면서, 고객들도 만족하는 결과물을 내놓아야 하거든요. 게다가 자신의 이름을 건 브랜드를 이끈다는 건 디자인뿐 아니라 경영까지 책임지는 일이에요. 백척간두에서 아슬아슬 줄타기 하는 심정으로 극심한 스트레스 상황을 이겨내야 해요. 그런데 선생님은 70년간 온갖 역경을 이겨내며 그 일을 해냈고, 지금도 하고 계시죠. 이런 대선배가 계시는 것만으로도 너무 자랑스럽고 뿌듯해요. 존재만으로도 감동을 주시는 분이죠.

장광효는 1956년생. 장광효가 태어나던 해 노라노는 자신의 첫 패션쇼이자 한국 최초의 패션쇼를 열었다. 당시 쇼에 내놓았던 커다란 모자가 달린 망토 스타일의 롱코트는 지금 입어도 전혀 손색이 없다. 그 옷을 꼼꼼하게 살피던 장광효는 이렇게 말한다.

제가 벌써 환갑이 지났어요. 그런데 제가 태어나던 해 이미 최고의 디자이너였던 선생님은 60년간 쉼 없이, 오늘까지 일하고 계세요. 자신의 업에 대한 지극한 헌신과 성실성을 보면서 저도 다시 한 번 마음을 가다듬게 됐어요.

호원숙
박완서의 딸

박완서의 큰딸이자 역시 작가인 호원숙. 그녀는 박완서와 노라노를 처음 만나게 한 가교다. 노라노의 경기여고 후배인 호원숙은 어머니와 노라노 선배가 옆에서 보기에도 참 보기 좋은, 동시대를 산 동년배의 멋진 우정을 나누었다고 말한다.

사회적으로 굉장히 유명한 디자이너이고 명사임에도 노라노 선생님은 옆에서 지켜보면 전혀 잘난 척을 하는 법이 없었죠. 뭔가 많은 것을 이룬 분들은 좀 다른 사람을 대할 때 억압적인 부분이 있을 수 있거든요. 그런데 그런 점이 전혀 없으세요. 늘 같이 있는 사람을 편안하게 대해주시는 것이 너무 좋았죠. 어머니 역시도 대화 나누는 것을 참 즐거워하셨어요.

박완서가 세상을 떠나고 빈소를 찾은 노라노. 너무나 서글프게 평평 울어서 주변의 사람들이 다 누구냐고 물어봤을 정도로, 박완서의 죽음을 슬퍼했다. 가장 좋아하는 소설가이자 친구를 잃은 비통한 심정을 짐작해볼 따름이다.

정금라

노라노 후계자

현재 노라노 브랜드를 책임지고 이어가고 있는 조카며느리 정금
라 실장은 수십 년간 노라노에게 직접 패션을 배우고, 미국과 일본
에서 수학했다. 노라노에게 배울 수 있어서 행운이었다고 생각하는
그녀는 현재 다양한 시장을 개척해 브랜드 제품을 수출하고 있다.

선생님이 아흔이라는 사실을 잊을 때가 많아요. 지금도 체력과
에너지, 열정이 넘치니까요. 지금도 선생님은 노라노 브랜드의 패
턴 작업을 전부 맡고 계세요. 장수 집안이기도 하지만, 본인의 노
력이 정말 대단하죠. 극도로 자신을 관리하고, 일을 위해 최적의
몸 상태를 만드는 부지런함은 옆에서 늘 봐도 존경스럽죠. 오래도
록 선생님과 함께 작업하고 싶어요.

아흔 생일날 밤,
노라노와의 대화

2017년 3월 21일 점심 무렵 시작된 노라노 생일 모임은 해가 저물고 밤 9시가 다 되어도 끝나지 않았다. 공유할 추억들이 많으니 이들의 대화는 좀처럼 끊기는 법이 없다. 시간은 어쩌면 그렇게 쏜살같이 흘렀을까. 노라노 명동 매장에서 가봉을 하고 옷을 찾으러 가며 설레던 순간들이 바로 엊그제 같은데, 장안의 최고 멋쟁이였던 젊은 여성들은 반세기를 훌쩍 넘겨 이젠 노년에 이르렀다. 노라노의 지인들은 진심으로 그녀의 생일을 축하하며, 그녀와 함께할 수 있었던 지난 시간들을 감사해했다.

종일 사랑하는 이들과 시간을 함께한 노라노의 얼굴은 더없이 편안해 보였다. 친구들의 얼굴을 물끄러미 바라보던 노라노는 이렇게 말했다.

이제 언제 죽어도 전혀 이상하지 않은 나이가 됐어요. 사람들은 저에게 일을 좀 쉬고 놀라고 해요. 그렇지만 저는 그저 무위도식하는 건 살아 있는 삶이 아니라고 생각해요. 생산적인 생활을 해야 진짜 인간의 삶이죠. 몸과 마음을 최적의 상태로 만들려고 노력하면서 하루하루의 일상에 최선을 다하는 것, 그것이 중요해요. 30년쯤 지나면 노라노, 저를 기억하는 사람은 아마 없겠죠. 그러나 저는 주어진 삶에 최선을 다했고, 만나는 사람들에게 진심을 다하려고 노력했어요. 물론 인생에 후회되는 일도 있죠. 그러나 우리 모두 인생을 살아보는 것은 다 처음이잖아요. 실수나 시행착오가 어찌 없겠어요. 돌이켜보니 이만하면 꽤 괜찮은 삶이었던 것 같아요. 제 자신에게 이렇게 말해주고 싶어요. '노라야, 수고 많았다. 언제가 될지는 모르지만, 너와 헤어질 시기가 오겠지. 넌 참 괜찮은 사람이었다고 미리 말하고 싶어. 고맙다.' 그리고 마리아 님께도 감사드려요. 어려운 고비마다 넘겨주심에.